新能源汽车概论

XIN NENGYUAN QICHE GAILUN

主　编　胡　萍　余朝宽

副主编　鄢真真　范文敏　高　亮

参　编　（排名不分先后）

　　　　黄成金　黄家友　黄成松　刘钰莹　龙中江

　　　　夏祥月　刘林威　熊陈军　罗吉梁　张志强

主　审　唐守均

重庆大学出版社

图书在版编目(CIP)数据

新能源汽车概论/胡萍,余朝宽主编. – –重庆:
重庆大学出版社,2021.9(2023.7重印)
职业教育汽车专业创新型系列教材
ISBN 978-7-5689-2177-0

Ⅰ.①新… Ⅱ.①胡… ②余… Ⅲ.①新能源—汽车
—职业教育—教材 Ⅳ.①U469.7

中国版本图书馆 CIP 数据核字(2021)第 181131 号

新能源汽车概论

主 编 胡 萍 余朝宽
副主编 鄢真真 范文敏 高 亮
策划编辑:陈一柳
特约编辑:邓桂华

责任编辑:姜 凤 版式设计:陈一柳
责任校对:谢 芳 责任印制:赵 晟

*

重庆大学出版社出版发行
出版人:饶帮华
社址:重庆市沙坪坝区大学城西路 21 号
邮编:401331
电话:(023)88617190 88617185(中小学)
传真:(023)88617186 88617166
网址:http://www.cqup.com.cn
邮箱:fxk@cqup.com.cn(营销中心)
全国新华书店经销
POD:重庆新生代彩印技术有限公司

*

开本:787mm×1092mm 1/16 印张:8 字数:191 千
2021 年 9 月第 1 版 2023 年 7 月第 2 次印刷
ISBN 978-7-5689-2177-0 定价:28.00 元

　　随着社会经济的飞速发展、资源短缺、环境污染与经济可持续发展的矛盾日益突出，节能减排和环境保护成为汽车发展的重要方向，以电动汽车为主的新能源汽车将逐步代替传统燃油汽车走向历史舞台。本书根据新能源汽车技术的发展趋势，结合我国新能源汽车运用与维修技术专业领域技能型紧缺人才的实际需求，广泛借鉴国内外新能源汽车产业的研究成果，以项目教学、任务驱动为引领，重点介绍有关新能源汽车的基本知识，主要包括认识新能源汽车、纯电动汽车、混合动力汽车、燃料电动汽车、新能源与智能网联汽车的结合。

　　本书的主要特点如下：

　　1. 在编写理论上，根据职业教育学生的培养目标及认知特点进行编写。全书文字通俗易懂、图文并茂、形象生动，从而激发了学生的学习兴趣，提高学习效率。

　　2. 在内容安排上，坚持项目任务式，以项目为载体，以任务为引领，从易到难，循序渐进，紧扣主题，定位准确。

　　3. 在教学内容上，做到理论与实际相结合，从实际动手中了解学生的掌握情况，及时查漏。

　　由于编者水平有限，书中错误与疏漏之处在所难免，敬请各位专家和广大读者提出修改意见和建议，以便再版时改正。

编　者

2020 年 12 月

CONTENTS 目 录

项目1｜新能源与智能网联汽车

新能源汽车是指采用非常规的车用燃料作为动力来源（或使用常规的车用燃料、采用新型车载动力装置），综合车辆的动力控制和驱动方面的先进技术，形成的技术原理先进，具有新技术、新结构的汽车。智能网联汽车（Intelligent Connected Vehicle，ICV）是指车联网与智能车的有机联合，是搭载先进的车载传感器、控制器、执行器等装置，融合现代通信与网络技术，实现车与人、路、后台等智能信息交换共享，实现安全、舒适、节能、高效行驶，并最终可替代人来操作的新一代汽车。

/任务1/　新能源汽车

[学习目标]

1. 能阐述新能源汽车的定义及各类新能源汽车的特点。
2. 能概述发展新能源汽车的必要性。
3. 能概述新能源汽车的发展现状。
4. 能阐述新能源汽车发展存在的问题。

[相关知识]

一、新能源汽车概述

新能源汽车的定义因国家不同其提法也不相同。在日本新能源汽车通常被称为"低公害汽车"。2001年，日本国土交通省、环境省和经济产业省制订了"低公害车开发普及行动计划"。该计划所指的低公害车包括5类，即以天然气为燃料的汽车、混合动力汽车、电动汽车、以甲醇为燃料的汽车、排污和燃效限制标准最严格的清洁汽油汽车。在美国新能源汽车通常被称为"代用燃料汽车"。

新能源汽车（图1-1-1）现普遍是指采用非常规的车用燃料作为动力来源（或使用常规的车用燃料、采用新型车载动力装置），综合车辆的动力控制和驱动方面的先进技术，形成的技

图 1-1-1

术原理先进、具有新技术、新结构的汽车。

新能源汽车包括混合动力电动汽车（HEV）、纯电动汽车（BEV）、燃料电池电动汽车（FCEV）和其他新能源（如太阳能、超级电容器、飞轮等高效储能器）汽车 4 大类。非常规的车用燃料是指除汽油、柴油、天然气（NG）、液化石油气（LPG）、乙醇汽油（EG）、甲醇、二甲醚之外的燃料。

二、新能源汽车发展的必要性

在人类历史长河中，经历了两次交通能源动力系统变革，每一次变革都给人类的生产和生活带来了巨大变化，同时成就了先导国或地区的经济腾飞。第一次变革发生在 18 世纪 60 年代，以蒸汽机技术诞生为主要标志。煤和蒸汽机使人类社会生产力获得极大的提升，开创了人类的工业经济和工业文明，引发了欧洲工业革命，使欧洲各国成为当时的世界经济强国。第二次变革发生在 19 世纪 70 年代，石油和内燃机替代了煤和蒸汽机，使世界经济结构由轻工业主导向重工业转变，同时促成了美国的经济腾飞，并把人类带入了基于石油的经济体系与物质繁荣。今天，人类再次来到了交通能源动力系统变革的十字路口，第三次变革以电力和动力电池（包括燃料电池）替代石油和内燃机，将人类带入清洁能源时代。第三次交通能源动力系统变革将带动亚洲经济的腾飞，使亚洲取代美国成为世界经济的发动机。

在能源和环保的压力下，新能源汽车无疑将成为未来汽车的发展方向。2020 年以前节约石油和替代石油主要依靠发展先进柴油车、混合动力汽车等实现。到 2030 年，新能源汽车的发展将节约石油 7 306 万 t，替代石油 9 100 万 t，节约石油和替代石油共 16 406 万 t，相当于将汽车石油需求削减 41%。届时，生物燃料、燃料电池在汽车石油替代中将发挥重要的作用。

三、新能源汽车发展现状

（一）国外新能源汽车发展现状

1. 美国

美国长期以来侧重降低石油依赖、确保能源安全的能源战略，将发展电动汽车作为在交通领域实现从根本上摆脱依赖石油进口的重要措施，并以法律法规的形式确立其战略地位。

美国以生物质替代燃料为突破口，其生物质替代燃料技术已经十分成熟，替代效果明显。美国政府不断加大对生物燃料技术的研发和基础设施建设，乙醇和生物燃料产能不断扩大，预计未来 10 年内，美国乙醇、生物柴油等代用燃料将实现 15% 的汽油替代。以特斯拉（图 1-1-2）为代表的纯电动汽车是美国新能源汽车的代表，其混合动力汽车的销售量逐年增加，插电式增程电动汽车将成为美国未来新能源汽车的主流技术路线。

2. 欧洲

欧洲强调温室气体减排战略,通过排放标准(表1-1-1)引导新能源汽车发展,满足日益严格的 CO_2 排放限值要求成为欧洲电动汽车发展的主要驱动力。欧洲以柴油机技术独步世界,其燃料电池技术全球领先。欧洲将发展清洁型柴油汽车作为现阶段新能源汽车发展的重点,其汽车厂商在柴油发动机上具备强大的技术优势,在清洁柴油乘用车方面发展较为迅速。1991

图 1-1-2

年柴油汽车的市场份额不足20%,2003年柴油汽车的市场份额超过40%,2009年柴油汽车的市场份额迅速增加到60%。据统计,欧洲100%的重型车、90%的轻型车均已采用柴油机。欧洲柴油轿车已占轿车年产量的32%,奥地利、法国、比利时、西班牙、意大利等国高达50%以上。其中,法国和比利时为67%、奥地利则超过了70%。

表 1-1-1　欧洲卡车和公共汽车废气排放标准

标准等级	开始实施日期	CO	HC	NO$_x$	PM	烟　雾
欧洲1号	1992 年(<85 kW)	4.5	1.1	8.0	0.612	无标准
	1992 年(>85 kW)	4.5	1.1	8.0	0.36	无标准
欧洲2号	1996 年 10 月	4.0	1.1	7.0	0.25	无标准
	1998 年 10 月	4.0	1.1	7.0	0.15	无标准
欧洲3号	1999 年 10 月(EEV)	1.0	0.25	2.0	0.02	0.15
	2000 年 10 月	2.1	0.66	5.0	0.1	0.8
欧洲4号	2005 年 10 月	1.5	0.46	3.5	0.02	0.5
欧洲5号	2008 年 10 月	1.5	0.46	2.0	0.02	0.5
欧洲6号	2013 年 1 月	1.5	0.13	0.5	0.01	

注:欧洲汽车废气排放标准,单位:克每千瓦时(g/kW·h)。

3. 日本

日本是世界第三大经济体,是世界汽车生产、消费和出口大国,但其自然资源匮乏,石油、天然气等能源都依赖进口,长期以来,日本一直在努力减少对进口石油的依赖。日本作为汽车生产强国致力于发展新能源汽车,不仅可以降低汽油和柴油消耗,还是应对气候变化、减少二氧化碳排放的有效措施。从世界汽车工业格局看,同属亚洲地区的中国和韩国等国家的汽车工业快速崛起,使日本汽车工业面临巨大的竞争压力,但其具有汽车产业优势及较强的技术支撑,是其面对新的竞争环境、继续保持行业领先地位的有效途径。

日本汽车行业(图1-1-3)旨在通过发展新能源汽车,制定行业新标准,保持产业竞争优势,进一步探寻世界领先的能源环境解决方案,并通过创新促进需求,提高就业,促进经济增长,提高用户生活品质。日本长期坚持确保能源安全与提升产业竞争力的双重战略,通过制订国家目标引导电动汽车产业发展,同时高度重视技术创新。日本混合动力汽车近年来增长迅猛,占主导地位。日本乘用车销量前十车型中,混合动力汽车位居第一。日本新能源汽车产业政策起步早,优惠大,高额补贴促进新能源汽车销售井喷。

(二)国内新能源汽车发展现状

近20年我国汽车产业发展迅猛,自主品牌汽车企业的总体技术水平有较大提升。世界第一大汽车市场的产销规模奠定了技术发展基础,关键领域技术取得重大进展。由于起步晚、基础差等,目前我国还不是汽车强国,自主技术研发能力明显进步但仍存差距、技术创新体系初步形成仍未完善、技术升级受制于整体工业基础薄弱,诸多方面与传统汽车强国存在差距。经济发展、社会进步、产业变革需要汽车技术的支撑。产业战略定位提出汽车技术加速发展需求,能源环境压力提出汽车技术绿色发展需求,交通安全升级提出汽车技术融合发展需求。汽车技术自身的复杂性与当前的外部机遇共同要求明确清晰的技术路线图。在科技变革影响下,汽车技术创新进入高度活跃时期,汽车产业迎来重大机遇,指向低碳化、信息化、智能化的新技术、新形式、新状态种类繁多,各国选取的技术路线各不相同。我国需要结合中国汽车产业与技术形式,明确中国汽车技术发展方向,制订科学、合理、清晰的技术路线具有重要的指导意义和深远价值。我国着眼于新能源汽车方面的企业主要有比亚迪、一汽、上汽、东风、长安5大汽车集团,其中发展最快的当属比亚迪集团(图1-1-4)。从我国国家产业政策规划来看,新能源汽车产业已成为我国未来经济发展中大力支持的战略性新兴产业。

图 1-1-3 　　　　　　　　　　　图 1-1-4

四、国内新能源汽车发展未来趋势和存在的问题

我国新能源汽车发展战略是要抓住战略机遇,以新能源汽车和智能网联汽车为主要突破口,以动力系统优化升级为重点,以智能化水平提升为主线,以先进制造和轻量化等共性技术为支撑,全面推进汽车产业由大国向强国的历史转型。

发展新能源汽车,是全世界汽车产业的共同目标。不同国家对发展新能源汽车的愿景是不同的,中国发展新能源汽车的愿景是"从汽车大国走向汽车强国"。不同国家发展新能源汽车的技术路线是不同的。中国新能源汽车产业发展趋势体现在发展技术路线上的不同。中国发展新能源汽车的技术路线与其他汽车强国是不同的:美系车企的技术路线主要是发展纯电动和增程式混合动力汽车;日韩系车企的技术路线主要是发展混合动力、纯电动和燃料电池汽车;德系车企的技术路线主要是发展纯电动和插电式混合动力汽车;中国车企的技术线路是以纯电动和插电混合动力汽车为主,兼顾燃料电池汽车。

随着现代通信技术、人工智能、计算机、互联网技术的发展,智能化已经渗透各个行业。汽车产业作为国民经济重要的支柱产业,智能化是必然趋势。在部件智能化层面,动力驱动系统的智能化一直是研究的重点,电机的智能化控制、动力电池基于智能算法的状态估计、多模型融合的电池热管理系统,以及全气候应用电池等,将不断进步完善,为新能源汽车带来强劲的续航及动力性能。在整车及控制层面,融入智能控制策略的制动能量回收以及混合动力能量管理将使新能源汽车更加节能,基于新型驱动形式汽车优势的稳定性控制、能量效率等将会受到更多的关注。基于新能源汽车平台的无人驾驶技术已经进入白热化竞争阶段。新能源汽车从动力系统到人机交互系统都实现了电气化和电子化,更易实现物联网化,这为汽车的车联网系统智能化提供了基本条件,智能交通的布局需要庞大的汽车信息,各国均积极部署大数据平台服务于政府和企业,针对新能源汽车所建设的大数据平台将会为新能源汽车的持续深入发展提供巨大助力。

近几年,国内新能源汽车发展进程中主要存在以下3个方面的问题:

①国内充电站和电池交换站等新能源汽车基础配套设施建设进程缓慢,覆盖面不广。虽然政府大力鼓励和扶持新能源汽车发展,企业也纷纷响应,但各地及企业充电站、充电桩的设备标准不统一,导致企业在研发、生产、营销等方面产生混乱,拖累了新能源汽车的发展进程。

②新能源汽车市场售价较高。虽然新能源汽车的技术在进步,新能源汽车成本在降低,我国中央政府和地方政府对新能源汽车购车者给予相应的补贴,但仍不能很好地普及私人购车群体。以比亚迪"秦"为例,其市场售价在18.98万元起,在深圳购车约有7万元的补贴,折算后价格为11.98万元,这一价格高出其相对应的传统动力汽车约50%。

③消费者对新能源汽车概念认知不足。国内消费者对电动汽车几乎没有太多的认知,大多数消费者只是听说过电动汽车但缺乏深入的了解。不少消费者对新能源汽车的安全性和操控便捷性存有质疑。事实上,新能源汽车是操作简易、安全可靠的产品。

总体而言,随着国家对能源、环保和空气质量的日益重视,新能源汽车将成为未来汽车发展的一大趋势。近年来,我国政府对新能源汽车发展出台了诸多利好政策,新能源汽车品质有了显著提升,与国外新能源汽车相比不分伯仲。解决阻碍新能源汽车发展的几大问题是发展新能源汽车市场的关键。

五、典型的新能源汽车

(一)混合动力汽车

混合动力汽车是指采用传统燃料的,同时配以电动机/发动机来改善低速动力输出和燃油消耗的车型。按照能否外接充电可分为插电式混合动力汽车(PHEV)和非插电式混合动力汽车(MHEV);按照混合动力驱动混合度情况可分为4种形式:微混合动力驱动汽车、轻混合动力驱动汽车、中混合动力驱动汽车和重混合动力驱动汽车;按照结构特点可分为并联式混合动力汽车、串联式混合动力汽车(又称增程式电动汽车)和混联式混合动力汽车。

1. 非插电式混合动力汽车

非插电式混合动力汽车(图1-1-5)的优点如下:

①采用混合动力后可按平均需用的功率来确定内燃机的最大功率,此时处于油耗低、污染少的最优工况下工作。需要大功率内燃机功率不足时,由电池来补充;负荷少时,富余的功率可发电给电池充电。因内燃机可持续工作,电池可以不断得到充电,故其行程和普通汽车一样。

②可以十分方便地回收制动、下坡、怠速时的能量。

③在繁华市区,可关停内燃机,由电池单独驱动,实现"零"排放。

④可以十分方便地解决耗能大的空调、取暖、除霜等纯电动汽车遇到的难题。

⑤可以利用现有的加油站加油,不必再投资。

⑥可以让电池保持在良好的工作状态,不发生过充、过放,延长其使用寿命,降低成本。

非插电式混合动力汽车的缺点:长距离高速行驶基本不能省油。

2. 插电式混合动力汽车

插电式混合动力汽车(图1-1-6)的优点如下:

①包含非插电式混合动力汽车的全部优点。

②通常拥有比非插电式混合动力汽车长得多的纯电续航里程,日常通勤可以做到完全纯电行驶(如国内某品牌插电式混合动力汽车已经做到100 km纯电续航里程)。

插电式混合动力汽车的缺点:电量不足时驾驶感受会有所降低。

图1-1-5

图1-1-6

3. 微混合动力驱动汽车

这种混合动力系统在传统内燃机上的启动电机(一般为12 V)上加装了皮带驱动启动电机(Belt-alternator Starter Generator, BSG)。该电机为发电启动(Stop-Start)一体式电动机,用来控制发动机的启动和停止,取消发动机的怠速,降低了油耗和排放。从严格意义上讲,微混合动力驱动汽车不属于真正的混合动力汽车,因为它的电机并没有为汽车行驶提供持续的动力。其电机仅作为内燃机的起动机/发电机使用,对其管理的控制策略是,需要时(如遇到红灯车辆停止)使内燃机熄火,并当车辆再次行驶时,立即重启内燃机,以及制动时发电,实现制动能量回收。在微混合动力系统中,电机的电压通常有12 V和42 V两种。其中,42 V主要用于柴油混合动力系统。微混合可实现5%～15%的节油效果。

4. 轻混合动力驱动汽车

轻混合动力系统(图1-1-7)电机可给内燃机提供辅助的驱动力矩,但不能单独驱动车辆,这种系统同样具有制动能量回收、发动机熄火/重启等功能,其电机、电池能力都比微混合大,作用也强,内燃机功率可小一些。

Ricardo(一家国际汽车工程顾问公司)将电机功率不超过发动机最大功率的10%定义为轻混合。轻混合节油可达20%~25%。与微混合动力系统相比,轻混合动力系统除了能够实现用发电机控制发动机的启动和停止,还能实现:

①在减速和制动工况下,对部分能量进行吸收。

②在行驶过程中,发动机等速运转,发动机产生的能量可以在车轮的驱动需求和发电机的充电需求之间进行调节。轻混合动力系统的混合度一般在20%以下。

5. 中混合动力驱动汽车

中混合动力系统和轻混合动力系统一样,由燃油发动机提供动力,电动机只起辅助作用。但中混合动力系统在特定情况下(如低速巡航)能够单独使用电动机驱动汽车。

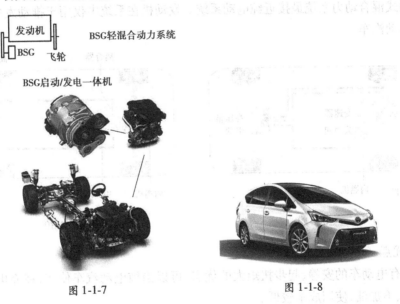

图 1-1-7　　　　　　　　　　　　　　　　图 1-1-8

与轻混合动力系统不同,中混合动力系统采用的是高压电机。另外,中混合动力系统还增加了一个功能:在汽车处于加速或者大负荷工况时,电动机能够辅助驱动车轮,从而补充发动机本身动力输出的不足,更好地提高整车的性能。这种系统的混合程度较高,可以达到30%左右,目前技术已成熟,应用广泛。

6. 重混合动力驱动汽车

重混合动力系统中的发动机和电动机都能单独驱动车辆行驶,如丰田的 THS 混合动力系统就是混联式结构的重混合动力系统。使用 THS 系统的第三代普锐斯(图1-1-8)采用的电动机最大功率达到60 kW,最大扭矩达到207 N·m,足以推动汽车进行中低速行驶。

与中混合动力系统相比,重混合动力系统的混合度可以达到甚至超过50%。技术的发展使重混合动力系统逐渐成为混合动力技术的主要发展方向。

7. 并联式混合动力汽车(图1-1-9)

这类混合动力汽车内有两套驱动系统,大多是在传统燃油车的基础上增加电动机、电池、电控而成,电动机与发动机共同驱动车轮。车内只有一台电机,驱动车轮时充当电动机,不驱动车轮给电池充电时充当发电机。

这类混合动力汽车以发动机为主、电动机为辅,电动机一般无法单独驱动汽车。系统输出动力等于发动机和电动机输出动力之和,其中具有代表性的是本田IMA系统。

8. 串联式混合动力汽车(即增程式电动汽车)(图1-1-10)

只靠发电机行驶的电动汽车,配置的发动机输出的动力仅用于推动发电机发电。系统输出动力等于电动机输出动力。其中具有代表性的是雪佛兰沃蓝达、宝马i3增程型。

串联式混合动力汽车车内只有一套电力驱动系统,包括电机、控制电路、电池。增程式插电混合动力汽车的电动机直接驱动车轮,发动机则用来于驱动发电机给电池充电。发动机不直接驱动车轮,不需要变速箱。这相当于在普通的电动车上装载了一台汽油/柴油发电机。串联式混合动力系统最接近纯电动系统。发动机在系统中仅用于推动发电机发电而不是直接驱动汽车。

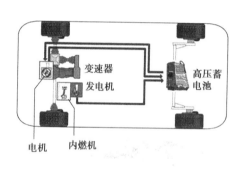

图1-1-9

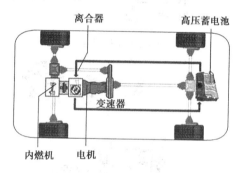

图1-1-10

(1)优点

①具有电动车的安静、起步扭矩大的优点,可以当纯电动汽车使用,在充电方便的条件下只充电、不加油,使用成本较低。

②相比其他混合动力模式,增程型混合动力汽车可以不用变速箱,成本略有降低。有发动机发电,只要有加油站就可以一直跑下去,在不方便充电的地方不会被迫拖车,解决基础设施不足的问题。

③发动机不直接驱动车轮,发动机转速和车轮转速、汽车速度没有直接关系,通过控制系统优化,可以让发动机一直保持在最佳转速状态。在充电不便时,市内堵车路况下油耗比较低,发动机噪声可以控制得非常小。

(2)缺点

①造成功率浪费。发动机和发电机并不直接驱动车轮,造成这部分功率的浪费,而发动机和发电机带来的质量并不减少。例如,一辆增程式混合动力汽车发动机功率50 kW,发电

机功率50 kW,电动机功率100 kW,整车携带了总功率200 kW的发动机和发电机,但是能驱动车轮的功率只有100 kW。

②在高速路况下,油耗偏高。在高速路况下,如果发动机直接驱动车轮,可以一直工作在最佳工作模式,而增程式混合动力多了一个转换过程,转换本身要消耗能量,造成油耗反而偏高。

9.混联式混合动力汽车(图1-1-11)

这类混合动力汽车以电动机为主、发动机为辅,电动机和发动机都能单独驱动汽车。系统中配置有独立发电机,系统输出的最大动力等于发动机、电动机以及充当电动机(部分情况)的发电机的输出动力之和。混联式系统结构复杂,但动力性能和燃油经济性相当出色。

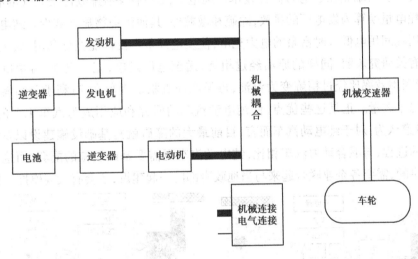

图 1-1-11

与并联式混合动力汽车一样,这种模式也有两套驱动系统,但不同的是,混联式有两个电动机。一个电动机仅用于直接驱动车轮,另一个电动机具有双重角色。当需要极限性能时,充当电动机直接驱动车轮,整车功率就是发动机、两个电动机的功率之和;当电力不足时,充当发电机,给电池充电。混联式混合动力系统的发电机和发动机可以分别单独驱动车辆,独立的发电机使系统输出动力大于发电机和发动机输出动力之和,其中具有代表性的为丰田 THS-Ⅱ系统。

(1)优点

①混联式同时具有增程式和并联式的优点,在纯电模式下具有电动车安静、使用成本低的优点。

②在增程模式下,没有"里程焦虑",而且发动机可以一直控制在最佳转速,油耗低,噪声小,振动小。

③在并联模式下,两台电动机、一台发动机可以一起工作,三者功率加起来具有非常好的起步和加速性能,是一种比较完美的组合。

（2）缺点

①成本高。两台电动机、发动机、变速箱都不能少,配套的控制电路、电池、传动系统、油路也不能少,总体成本高于其他类型的插电混合动力。要控制两台电动机和一台发动机,还有不同的工作模式,控制系统相对复杂,进而增加成本。

②车重大。车的总质量会大一些。

（二）纯电动汽车

纯电动汽车(图1-1-12)顾名思义是指主要采用电力驱动的汽车。大部分车辆直接采用电动机驱动,有一部分车辆把电动机装在发动机舱内,还有一部分车辆直接以车轮作为4台电动机的转子。其难点在于电力储存技术。纯电动汽车本身不排放污染大气的有害气体,即使按所耗电量换算为发电厂的排放,除硫和微粒外,其他污染物显著减少。纯电动汽车可以充分利用晚间用电低谷时富余的电力充电,使发电设备日夜都能充分利用,大大提高其经济效益。有关研究表明,同样的原油经过粗炼,送至电厂发电,充入电池,再由电池驱动汽车,其能量利用效率比经过精炼变为汽油,再经汽油机驱动汽车高,有利于节约能源和减少二氧化碳的排放量。正是这些优点,使纯电动汽车的研究和应用成为汽车工业的一个"热点"。有专家认为,对于纯电动汽车而言,目前最大的障碍就是基础设施建设以及价格影响了产业化的进程,与混合动力汽车相比,纯电动汽车更需要基础设施的配套,而这不是一家企业能解决的,需要各企业联合起来与当地政府部门一起建设,才会有大规模推广的机会。

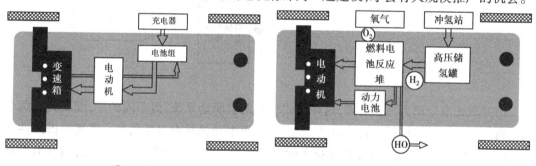

图 1-1-12   图 1-1-13

（1）优点

技术相对简单成熟,只要有电力供应的地方都能充电。

（2）缺点

蓄电池单位质量储存的能量太少;纯电动汽车的电池较贵,没形成经济规模,购买价格较贵;使用成本有些比传统汽车贵,有些仅为传统汽车的1/3,这主要取决于电池的寿命及当地的油、电价格。

（三）燃料电池汽车

燃料电池汽车(图1-1-13)是指以氢气、甲醇等为燃料,通过化学反应产生电流,依靠电动机驱动的汽车。其电池的能量是通过氢气和氧气的化学作用,而不是经过燃烧直接变成电能的。燃料电池的化学反应过程不会产生有害产物。燃料电池车辆是无污染汽车,燃料电池的能量转换效率比内燃机高 2～3 倍,从能源的利用和环境保护方面,燃料电池汽车是一种理想的车辆。

单个的燃料电池必须结合成燃料电池组,以便获得必需的动力,满足车辆使用的要求。

近年来,燃料电池技术取得了重大的进展。燃料电池轿车的样车正在进行试验,以燃料电池为动力的运输大客车在北美的几个城市正在进行示范项目。在开发燃料电池汽车中存在着技术性的挑战,如燃料电池组的一体化。电动汽车燃料处理器和辅助部件都在朝着集成化的方向发展,以减少部件制造成本,并取得显著的进步。

与传统汽车相比,燃料电池汽车具有以下优点:

①零排放或近似零排放。

②减少机油泄漏带来的水污染。

③降低温室气体的排放。

④提高燃油经济性。

⑤提高发动机燃烧效率。

⑥运行平稳、无噪声。

1. 氢燃料电池汽车

氢燃料电池汽车是一种真正实现零排放的交通工具,排放物是纯净水,具有无污染、零排放、储量丰富等优势。氢燃料电池汽车是传统汽车最理想的替代品。与传统动力汽车相比,氢动力汽车成本至少高出 20%。中国长安汽车在 2007 年完成了中国第一台高效零排放氢内燃机点火,并在 2008 年北京车展上展出了自主研发的中国首款氢动力概念跑车"氢程"。

随着"汽车社会"的逐渐形成,汽车保有量在不断地呈现上升趋势,而石油等资源却捉襟见肘,另外,吞下大量汽油的车辆不断排放着有害气体和污染物质。最终的解决之道不是限制汽车产业的发展,而是开放替代石油的新能源,燃料电池汽车的四轮快速又安静地滚过路面,辙印出新能源的名字——氢。

几乎所有的世界汽车巨头都在研制新能源汽车。电曾经被认为是汽车的未来动力,但蓄电池漫长的充电时间和质量使得人们渐渐对它兴味索然。而 2009 年的电与汽油合用的混合动力汽车只能暂时性地缓解能源危机,只能减少但无法摆脱对石油的依赖。这时,氢动力燃料电池的出现,犹如再造了一艘诺亚方舟,让人们从危机中看到无限希望。

以氢气为汽车燃料这种说法刚出来时吓人一跳,但事实上是有根据的。氢具有很高的能量密度,释放的能量足以使汽车发动机运转,而且氢气与氧气在燃料电池中发生化学反应只生成水,没有污染。许多科学家预言,以氢为能源的燃料电池是 21 世纪汽车的核心技术,它对汽车产业的革命性意义,相当于微处理器对计算机产业那样重要。

(1)优点

排放物是纯净水,行驶时不产生任何污染物。

(2)缺点

氢燃料电池成本过高,氢燃料的存储和运输的技术条件非常苛刻,氢分子非常小,极易透过储藏装置的外壳逃逸。另外,氢气的提取需要通过电解水或者利用天然气,需要消耗大量能源,除非使用核电来提取,否则,无法从根本上降低二氧化碳排放。

2. 甲醇动力汽车

很多年前,有科学家预言——世界上终有一天,用水就可以驱动汽车。今天,虽然这一步还未达到,但以水中的氢气作为动力来源的科技却已经变为现实,来自日本的"丰田"汽车,就成功研制出一辆通过氢和氧化学反应进行发电的新一代电动汽车,取名为FCEV。

FCEV,英文 Fuel Cell Electric Vehicle 的缩写,中文名称为甲醇型燃料电池电动汽车。顾名思义,FCEV 的主要燃料就是甲醇(具有毒性,为工业酒精中的杂质之一,饮入少量即可致盲)。在汽车上,保留油缸,但注入的不是汽油,而是甲醇。在引擎室内,安装由蒸发部、调整部及减少一氧化碳部3个部分组成的甲醇调整器,当燃料泵将甲醇(CH_3OH)和水(H_2O)的混合液体从油缸送至调整器时,在蒸发部加热会变为蒸气,再在调整部经催化剂作用,形成氢(H_2)和二氧化碳(CO_2)气体,此时,微量的有害一氧化碳(CO)气体会经过减少一氧化碳部被消减,最后,剩下的氢气及二氧化碳被送到燃料电池的氢极,经过化学反应而成为电能,就这样,甲醇不断通过调整器而变成电能,从而驱动汽车行驶。

图 1-1-14

甲醇动力汽车(图 1-1-14)达到了环保目的,经反复测试显示,二氧化碳排放量只及普通汽车的 1/2 以下,一氧化碳、碳氢化合物、氮氧化合物等有害物质的排放量虽然还未至零,但已经达到非常低的指数。甲醇成本比汽油低得多,加满一次即可连续行车 400 ~ 500 km。FCEV 无须改装油缸,只要将现有的油缸改存甲醇即可,简单经济,具有很大的发展潜力。

(四)其他新能源汽车

1. 燃气汽车

燃气汽车(图 1-1-15)是指用压缩天然气(CNG)、液化石油气(LPG)和液化天然气(LNG)作为燃料的汽车。世界上各国政府都积极寻求解决气体储存这一难题,纷纷调整汽车燃料结构。燃气汽车排放性能好,可调整汽车燃料结构,运行成本低、技术成熟、安全可靠,被世界各国公认为是当前理想的替代燃料汽车。

燃气是世界汽车代用燃料的主流,燃气汽

图 1-1-15

车在我国代用燃料汽车中占到 90% 左右。业内专家指出,替代燃料的作用是减轻并最终消除由石油供应紧张带来的各种压力以及对经济发展产生的负面影响。中国将主要用压缩天然气、液化气、乙醇汽油作为汽车的替代燃料。汽车代用燃料能否扩大应用,取决于中国替代燃料的资源、分布、可利用情况、替代燃料生产与应用技术的成熟程度以及减少对环境污染等;替代燃料的生产规模、投资、生产成本、价格决定着其与石油燃料的竞争力;汽车生产结构与设计改进必须与燃料相适应。

以燃气替代燃油是中国乃至世界汽车发展的必然趋势。我国应尽快组织力量,制定出国家级燃气汽车政策。考虑我国能源安全主要是石油的状况,发展包括燃气汽车在内的各种代用燃料汽车,已是刻不容缓的事,根据国情应做到:

①要限制燃气价格,使油、气价格之间保持合理的差价,即可保证燃气汽车适度发展。

②鉴于加气站投资大,回收期长,政府适当给予一定的补贴,在加气站售出的气价和汽车用户因用气节省的燃料费用之间,调节好利益分配。

③对加气站的所得税,应参照高新技术产业政策,采取免二减三的税收政策。

④将加气站用电按照特殊工业用电对待,电价从优;对加气站用地,能按重大项目和环保产业对待,特事特办,不要互相推诿、扯皮,积极采用国外先进建站标准,确定消防安全距离,节省土地资源。

2. 乙醇动力汽车

乙醇俗称酒精,通俗地讲,使用乙醇为燃料的汽车,也可称为酒精汽车。用乙醇代替石油燃料的活动历史已经很长,生产上和应用上的技术都已经很成熟。由于石油资源紧张,汽车能源多元化趋向加剧,乙醇动力汽车又提到议事日程。

世界上已有40多个国家不同程度地应用乙醇动力汽车,有的已达到较大规模的推广,乙醇动力汽车的地位日益提升。

在汽车上使用乙醇,可以提高燃料的辛烷值,增加氧含量,使汽车缸内燃烧更完全,可以降低尾气有害物的排放。

乙醇动力汽车的燃料(图 1-1-16)应用方式如下:

乙醇汽油 ＝ 10%的燃料乙醇 ＋ 90%的普通汽油

↑

由粮食及各种植物纤维加工

图 1-1-16

①掺烧,指乙醇和汽油掺和应用。在混合燃料中,乙醇和容积比例以"E"表示,如乙醇占 10%,15%,则用 E10,E15 来表示,掺烧在乙醇动力汽车中占主要地位。

②纯烧,即单烧乙醇,可用 E100 表示,应用并不多,属于试行阶段。

③变性燃料乙醇,指乙醇脱水后,再添加变性剂而生成的乙醇,属于试验应用阶段。

④灵活燃料,指燃料既可用汽油,又可用乙醇或甲醇与汽油比例混合的燃料,还可用氢气随时切换,如福特、丰田汽车均在试验灵活燃料汽车。

3. 生物柴油汽车

柴油作为一种重要的石油炼制产品,在各国燃料结构中占有较高的份额,已成为重要的动力燃料。随着世界范围内车辆柴油化趋势的加快,未来柴油的需求量会越来越大,而石油

图 1-1-17

资源的日益枯竭和人们环保意识的提高,大大地促进了世界各国加快柴油替代燃料的开发步伐,尤其是进入20世纪90年代,生物柴油(图1-1-17)以其优越的环保性能受到各国的重视。

生物柴油是指以油料作物、野生油料植物和工程微藻等水生植物油脂以及动物油脂、餐饮垃圾油等为原料油,通过酯交换工艺制成的可代替石化柴油的再生性柴油燃料。生物柴油是生物质能的一种,是生物质利用热裂解等技术得到的一种长链脂肪酸的单烷基酯。生物柴油是含氧量极高的复杂有机成分的混合物,这些混合物主要是一些分子量大的有机物,几乎包括所有种类的含氧有机物,如醚、酯、醛、酮、酚、有机酸、醇等。

炼油企业为了向市场提供清洁油品使燃烧柴油尾气排放达到标准要求,需要采取以下3种措施:一是要有性能优异的深度加氢脱硫催化剂,以脱除难以加氢脱硫的4,6-二甲基苯并噻吩等芳香基硫化合物;二是要有抗硫的贵金属芳烃饱和催化剂,能使芳烃加氢饱和在较低压力下进行,以节省投资;三是要有提高十六烷值的工艺。而生物柴油以其优异的环保性能很容易达到"界燃油规范"的柴油Ⅱ、Ⅲ类标准要求。

众所周知,柴油分子是由15个左右的碳链组成的,研究发现植物油分子则一般由14~18个碳链组成,与柴油分子中碳数相近。生物柴油就是一种用油菜籽等可再生植物油加工制取的新型燃料。按化学成分分析,生物柴油燃料是一种高脂酸甲烷,它是通过以不饱和油酸 C18 为主要成分的甘油酯分解而获得的。与常规柴油相比,生物柴油具有下述无法比拟的性能:

①具有优良的环保特性。生物柴油中硫含量低,使二氧化硫和硫化物的排放低,可减少约30%(有催化剂时为70%);生物柴油中不含对环境造成污染的芳香族烷烃,因废气对人体损害低于柴油。检测表明,与普通柴油相比,使用生物柴油可降低90%的空气毒性,降低94%的患癌率;生物柴油含氧量高,使其燃烧时排烟少,一氧化碳的排放与柴油相比减少约10%(有催化剂时为95%);生物柴油的生物降解性高。

②具有较好的低温发动机启动性能。无添加剂冷凝点达-20 ℃。

③具有较好的润滑性能。使喷油泵、发动机缸体和连杆的磨损率低,使用寿命长。

④具有较好的安全性能。生物柴油闪点高,不属于危险品。在运输、储存、使用方面的优点显而易见。

⑤具有良好的燃料性能。十六烷值高,使其燃烧性好于柴油,燃烧残留物呈微酸性使催化剂和发动机机油的使用寿命加长。

⑥具有可再生性能。作为可再生能源,与石油储量不同,通过农业和生物科学家的努力,生物柴油供应量不会枯竭。

生物柴油的优良性能使得采用生物柴油的发动机废气排放指标满足欧洲Ⅱ号标准,甚至满足随后即将在欧洲颁布实施的更加严格的欧洲Ⅲ号排放标准。生物柴油燃烧时排放的二氧化碳远低于该植物生长过程中所吸收的二氧化碳,改善了由二氧化碳的排放而导致的全球变暖这一有害于人类的重大环境问题。生物柴油是一种真正的绿色柴油。

4. 太阳能汽车

电动汽车是一种以电力为能源的汽车,一般使用铅酸电池或锂离子电池进行供电。而太阳能汽车(图1-1-18)是在此基础上,将太阳能转化为电能对车进行供电,在很大程度上降低了电动汽车的使用成本,而且非常环保,是真正的绿色能源汽车。

图 1-1-18

（1）优点

①节约能源。太阳能汽车的能源来自太阳,取之不尽,用之不竭。太阳能汽车是一种非常节能的汽车。

②能源利用率高。太阳能汽车很少通过齿轮机构传递能量,这样可以防止能量消耗。其驱动电机的能量利用率非常高,可达到98%。这一点是内燃机汽车不能比拟的(一般最高30%左右)。

③减少环境污染。太阳能汽车消耗的能量是电能,不产生废气,这样就减少了大气中的一氧化碳、碳氢化合物和二氧化碳的含量。

④灵活,操控性好。太阳能汽车中很多部件都是电子部件,可以很好地保证操作性。在电子部件发生损坏时,可以通过信号诊断,方便检测出故障点。

⑤太阳能汽车结构简单,易保养。除了定期更换蓄电池以外,基本上不需要日常保养,省去了传统汽车必须经常更换机油、添加冷却水等定期保养的烦恼。

（2）缺点

太阳能汽车真正走进大众生活,还有很多难题需要解决,如太阳能的采集及转换技术、造价太高、最大功率跟踪技术和蓄电池充放电技术等问题。

/任务2/　智能网联汽车

[学习目标]

1. 能阐述智能网联汽车的定义和组成。

2. 能概述智能网联汽车的发展现状。

3. 能概述智能网联汽车的未来发展趋势。

[相关知识]

一、智能网联汽车的定义

智能网联汽车(Intelligent Connected Vehicle,ICV),是指车联网与智能车的有机联合,是搭载先进的车载传感器、控制器、执行器等装置,融合现代通信与网络技术,实现车与人、车、路、后台等智能信息交换共享,实现安全、舒适、节能、高效行驶,并最终可替代人来操作的新一代汽车(图 1-2-1)。

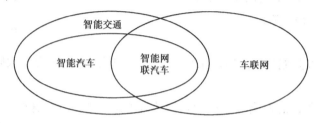

图 1-2-1

什么是车联网呢?车联网产业是依托信息通信技术,通过车内、车与车、车与路、车与人、车与服务平台的全方位连接和数据交互,提供综合信息服务,形成汽车、电子、信息通信、道路交通运输等行业深度融合的新兴产业形态。

根据我国《智能网联汽车技术路线图》的解释,智能网联汽车具有两个层面:一是智能化;二是网联化。

智能化有 5 个等级(表 1-2-1),汽车配备多种传感器(摄像头、超声波雷达、毫米波雷达、激光雷达),实现对周围环境的自主感知,通过一系列传感器信息识别和决策操作,汽车按照预定控制算法的速度与预设定交通路线规划的寻径轨迹行驶。

表 1-2-1　智能化的 5 个等级

智能化等级	等级名称	等级定义	控制	监视	失效应对	典型工况
人监控驾驶环境						
1(DA)	驾驶辅助	通过环境信息对方向和加减速中的一项操作提供支援,其他驾驶操作都由人操作	人与系统	人	人	车道内正常行驶,高速公路无车道干涉路段,泊车工况
2(PA)	部分自动驾驶	通过环境信息对方向和加减速中的多项操作提供支援,其他驾驶操作都由人操作	人与系统	人	人	高速公路及市区无车道干涉路段,换道、环岛绕行、拥堵跟车等工况

续表

智能化等级	等级名称	等级定义	控制	监视	失效应对	典型工况
自动驾驶系统("系统")监控驾驶环境						
3（CA）	有条件自动驾驶	由无人驾驶系统完成所有驾驶操作，根据系统请求，驾驶员需要提供适当的干预	系统	系统	人	高速公路正常行驶工况，市区无车道干涉路段
4（HA）	高度自动驾驶	由无人驾驶系统完成所有驾驶操作，特定环境下系统会向驾驶员提出响应请求，驾驶员可以对系统请求不进行响应	系统	系统	系统	高速公路全部工况及市区有车道干涉路段
5（FA）	完全自动驾驶	无人驾驶系统可以完成驾驶员能够完成的所有道路环境下的驾驶操作	系统	系统	系统	所有形式工况

　　网联化有3个等级（表1-2-2），车辆采用新一代移动通信技术（LTE-V、5G等），实现车辆位置信息、车速信息、外部信息等车辆信息之间的交互，并由控制器进行计算，通过决策模块计算后控制车辆按照预先设定的指令行驶，进一步增强车辆的智能化程度和自动驾驶能力。

表1-2-2　网联化的3个等级

网联化等级	等级名称	等级定义	控制	典型信息	传输需求
1	网联辅助信息交互	基于车-路、车-后台通信，实现导航等辅助信息的获取以及车辆行驶与驾驶员操作等数据的上传	人	地图、交通流量、交通标志、油耗、里程等信息	传输实时性、可靠性要求较低
2	网联协同感知	基于车-车、车-路、车-人、车-后台通信，实时获取车辆周边交通环境信息，与车载传感器的感知信息融合，作为车辆自动驾驶决策与控制系统的输入	人与系统	周边车辆/行人非机动车位置、信号灯相位、道路预警等信息	传输实时性、可靠性要求较高
3	网联协同决策与控制	基于车-车、车-路、车-人、车后台通信，实时并可靠地获取车辆周边交通环境信息及车辆决策信息，车-车、车-路等各交通参与者之间信息进行交互融合，形成车-车、车-路等各交通参与者之间的协同决策与控制	人与系统	车-车、车-路之间的协同控制信息	传输实时性、可靠性要求最高

二、智能网联汽车发展的必要性

随着信息化与汽车的深度融合,汽车正在从传统的交通运输工具转变为新型的智能出行载体。智能网联汽车作为突破汽车产业、电子产业、通信产业转型升级的战略突破口,必将成为解决交通安全、道路拥堵等重要问题的手段。智能网联技术将逐步成为汽车行业发展的主要技术,借助计算机、通信、网络等技术,实施各个关键技术的结合,提升各个系统之间的交互,提升智能网联技术下系统功能的完善,促进自动驾驶汽车的发展,从而带动汽车行业的跨越式发展。加速构建车、路、人协同的智慧交通体系,引领汽车工业的核心变革,对社会经济发展具有十分突出的重要意义,汽车的智能化和网联化已成为必然趋势。

智能网联汽车的关键在于构建具有感情、计算、通信、决策等功能的新型体系架构,设计实现数据融合、高速计算、协同控制能力的智能计算平台,完成汽车行驶和信息交互过程中多元海量数据的高速计算处理,为决策提供实时响应,实现汽车自动驾驶、联网服务功能。智能计算平台成为发达国家新一轮战略制高点,成为我国今后攻坚发展的核心问题和重点工作。工信部高度重视,先后印发了《智能网联汽车技术路线图》等一系列文献,大力支持产业发展。为了推进车联网建设,华为等一批国内企业推出了具有强大竞争能力的人工智能芯片,互联网企业从自动驾驶等入手,积极搭建各类企业智能计算平台和软硬件平台。2015年,工信部结合不同地域的产业技术,打造了7个基于移动互联网的智慧交通示范区,通过政策、标准、技术、资金等手段引领,推动电子工信互联网等关键技术协同创新,提供技术跨界融合和协同融合的应用和测试环境,加速自主创新基础环节的应用,推动汽车网联的发展,探索智能交通体系建设路径。

三、智能网联汽车的组成

智能网联汽车智能驾驶的核心技术由环境感知层、智能决策层和控制执行层组成。

1. 环境感知层

环境感知层的主要功能是通过车载环境感知技术、卫星定位技术、4G/5G 及 V2X 无线通信技术等,实现对车辆自身属性和车辆外在属性(如道路、车辆和行人等)静、动态信息的提取和收集,并向智能决策层输送信息。其中,小型化和嵌入式的视觉传感器、雷达以及高精度定位与导航系统在智能网联汽车上得到了广泛应用。

智能驾驶汽车的视觉传感器可实现车道偏离警告、前方碰撞预警、行人碰撞预警、交通标志识别、盲点监控、驾驶人注意力监控、全景停车、停车辅助和车道保持辅助等功能。人们可以从车载摄像头中获得更智能的结果,即通过摄像头的视场,感知驾驶环境。根据汽车摄像头模块的不同,目前使用的摄像头(图1-2-2)分为单目摄像头、双目摄像头和红外摄像头。单目摄像头的工作原理是先识别后测距,首先通过图像匹配对图像进行识别,然后根据图像的大小和高度进一步估计障碍物和车辆移动时间。双目摄像头的工作原理是先对物体与本车辆距离进行测量,然后对物体进行识别。夜间可见光成像的信噪比较低,导致视觉传感器夜间成像的难度增大,而红外摄像头在这时就能发挥自身独特的优势。

图 1-2-2

　　汽车车载雷达技术源自军工技术,超声波雷达(图 1-2-3)是汽车常用的一种传感器,被广泛应用于倒车辅助系统和自动泊车系统中。它可以通过接收到反射后的超声波探知周围的障碍物情况,消除驾驶员停车、倒车和启动车辆时前、后、左、右探视带来的麻烦,帮助驾驶员消除盲点和视线模糊缺陷,提高行车安全性。超声波雷达的工作原理是利用传感器中的超声波发生器产生 40 kHz 的超声波,接收探头接收障碍物反射的超声波,并根据超声波反射接收的时差计算出与障碍物的距离。毫米波雷达是 ADAS 系统的主要传感器,其工作频率范围为 30 ~ 300 GHz,可以检测目标、测速、测距和测量方位。

图 1-2-3

　　对于智能网联汽车来说,引导车辆到达目的地,需要将环境中尽可能丰富的信息提供给自动驾驶系统。自动驾驶系统和导航系统作为存储静态、准静态交通信息的数据库,为了满足自动驾驶系统的导航、路径规划要求,需要高精度地图(图 1-2-4)提供更精细、精确的交通信息,提供更高精度的路径。在高精度地图生产过程中,通过提取车辆上传感器采集的原始数据,获取高精度地图特征值,构成特征地图。在此基础上,进一步提取、处理和标注矢量图形,包括道路网络信息、道路属性信息、道路几何信息和道路上主要标志的抽象信息。目前,高精度地图在自动驾驶中被普遍认为是 L3 级及以上自动驾驶不可缺少的关键技术,不仅可以用于导航、路径规划,还可以为环境感知和理解提供先验知识,辅助车载传感器实现高精度定位。

　　2. 智能决策层

　　智能决策层的主要功能是接收环境感知层的信息并进行融合,对道路、车辆、行人、交通标志和交通信号等进行识别、决策分析、判断车辆驾驶模式和将要执行的操作,并向控制和执行层输送指令。

　　3. 控制执行层

　　控制执行层的主要功能是根据智能决策层的指令对车辆进行操作和协调,为联网车辆提供道路交通信息、安全信息、娱乐信息、救援信息、商务办公、在线消费等,以保护汽车安全、舒适驾驶。与传统车辆比较,智能网联汽车在功能上主要增加了环境感知和定位系统、无线通信系统、车辆自组织网络系统和先进的驾驶辅助系统。其中,V2X(Vehicle to

矢量元素分类	用途
交通标志审查	全自动交通标志识别
车道线	建立在Ground T/1的基础上的车道线
可行驶边界线	表现边界的边缘，阻碍车辆行驶
标志/限速级别/标志关联	根据安全规定控制汽车行驶
指示灯/红绿灯	在真实位置应用指示灯信息
指示灯关联	关联指示灯信息
虚拟车道线/车道线元素	生成车道元素
停车/慢行标志	在特定位置为车辆提供减速慢行信息
人行道/减速带	为车辆提供行人范围信息
十字路口区域ZOI/转弯车道	提供十字路口信息，使车辆减速慢行
车道优先级	为车辆判断车道优先行驶级别
路面印记	如停车线
区域性路面标志	如地面限速值，行驶方向

图 1-2-4

Everything 的英文缩写，即车对外界的信息交换)(图 1-2-5)是智能网联汽车通信技术的核心，主要实现车辆自身与外界车辆之间的信息交换内容，主要包括以下 3 个方面：

①当前本体车辆的行驶速度与附近范围内车辆的行驶速度进行信息内容的交换。

②当前本体车辆的行驶方向与附近范围内车辆的行驶方向进行信息内容的交换。

③当前本体车辆紧急状况与附近范围内车辆的行驶状况进行信息内容的交换。

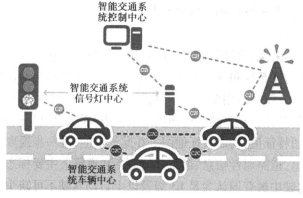

图 1-2-5

四、智能网联汽车的发展现状

经过几年的发展，智能网联汽车产业链形态已初步清晰，形成上游——软硬件供应商、中游——整车企业、下游——出行/信息服务提供商的完整产业链。国内政策不断完善，智能网联汽车发展呈现出多元竞争的发展环境。海外机构、企业在智能网联汽车研究的程度和宽度不断深入拓宽，各国政府支持力度进一步完善。

(一)国内

我国智能网联汽车的推进分为 4 个阶段(图 1-2-6)，即自主驾驶辅助阶段、网络驾驶辅助阶段、人机驾驶阶段、高自动/无人驾驶阶段。

2016 年，工信部组织行业加紧制定智能网联汽车的发展战略、技术路线图和标准体系，交通运输部在实行"两客一微"车辆管理方面为智能交通管理积累了丰富经验。

2018年3月1日上午,由上海市经信委、市公安局和市交通委联合制定的《上海市智能网联汽车道路测试管理办法(试行)》正式发布,全国首批智能网联汽车开放道路测试号牌发放。上汽集团和蔚来汽车拿到上海市第一批智能网联汽车开放道路测试号牌。当天下午,两家公司研发的智能网联汽车从位于嘉定的国家智能网联汽车(上海)试点示范区科普体验区(E-Zone)发车,在博园路展开首次道路测试。

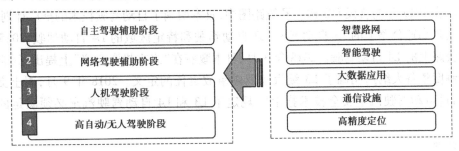

图1-2-6

2018年12月,天津市交通运输委、市工业和信息化局、市公安局联合启动天津市智能网联汽车道路测试,天津市西青区和东丽区开放了首批智能网联测试道路。同时,天津卡达克数据有限公司和北京百度网讯科技有限公司获得了天津市首批路测牌照。

当前我国智能网联汽车发展存在"四大机遇"和"五大挑战"。"四大机遇"主要指:一是时间机遇。全球处于智能网联汽车商业化起步期。二是空间机遇。供给侧结构性改革和巨大的中国汽车市场。三是制度机遇。我国在统筹解决法规、法律、基础设施、监管上更有优势。四是信息化技术机遇。我国互联网、人工智能、通信技术相对领先。"五大挑战"主要指:一是尚未形成国家层面的智能网联汽车发展战略,缺乏大型国家项目支撑。二是我国智能网联汽车领域的基础技术还比较薄弱,核心技术仍落后世界先进水平。三是中国零部件企业相对弱小,行业缺乏有效协同研发机制。四是中国虽有强大的互联网产业基础,但信息产业与汽车的融合层次较浅。五是智能网联汽车标准法规及设施建设较落后。

(二)国外

1. 美国

美国将发展智能网联汽车作为美国发展智能交通系统的一项重点工作内容,通过制定国家战略和法规,引导产业发展。2013年,美国公路交通安全管理局发布了《关于自动驾驶仪车辆控制政策的初步意见》,并制定了支持自动驾驶技术发展和推广的自动驾驶考试标准。2016年9月,为有效利用技术变化提供指导,美国交通部发布了《联邦自动驾驶汽车政策指南》,为自动驾驶安全部署提供政策监管框架。2017年9月,发布了车辆升级与驾驶政策《自动驾驶系统2.0:安全愿景》,该政策不仅被业界视为自动驾驶汽车发展的指导方针,而且代表了联邦政府对自动驾驶的态度。2017年9月,美国众议院一致通过了《自动驾驶法案》。2018年10月,最新发布的《准备迎接未来交通:自动驾驶汽车3.0》表明美国运输部努力消除妨碍自主车辆发展的政策和法规,支持将自主车辆纳入整个运输系统。2011年,内华达州率先通过了自动驾驶汽车立法,解决了州公路上自动驾驶汽车的路试问题。2012年

9月,加州出台了自动驾驶的汽车驾驶法规。随后,包括佛罗里达州、哥伦比亚特区和密歇根州在内的数十个州颁布了数十项自主车辆交通政策和法规。2018年2月,加州再次放宽了允许无人驾驶汽车方向盘后面的人在路上行驶的政策,该规定自2018年4月2日起施行。

2. 日本

日本较早开始研究智能交通系统,政府积极发挥跨部门协同作用,推动智能网联汽车项目实施。在2017年的官民ITS构想及线路图中,日本明确了自动驾驶技术的推广计划:2020年左右实现高速公路上的L3自动驾驶、L2自动驾驶和特定区域的L4自动驾驶;2025年实现高速公路上的L4自动驾驶。2018年3月,日本政府在"未来投资会议"上提出了《自动驾驶相关制度整备大纲》,明确了L3级汽车驾驶事故责任的定义。2018年9月,国土交通省正式发布《自动驾驶汽车安全技术指南》,规定了L3和L4自动驾驶汽车必须满足的安全条件。

3. 英国

英国政府设立了2亿英镑的特别基金促进英国自动驾驶技术的研究、开发和部署。2017年2月,英国政府颁布了《汽车技术与航空法案》。2017年8月,英国交通部和国家基础设施保护中心发布了《联网与自动驾驶汽车网络安全主要原则》。

4. 法国

2014年,法国公布了自动驾驶汽车的路线图,政府在未来3年投资1亿欧元测试自动驾驶汽车。2016年8月,法国通过了一项法令,允许对自动驾驶汽车进行道路试验,但对试验路段和试验等级有明确要求。随后,法国启动了"人工智能发展计划"和"促进增长和企业变革行动计划",推动自动驾驶技术的发展。

五、智能网联汽车未来发展趋势

智能网联产业是汽车、电子、信息、交通、定位导航、网络通信、互联网应用等行业领域深度融合的新兴产业,是全球创新热点和未来发展的制高点。中国汽车的技术发展方向必定是"四化",即电动化、智能化、共享化、网联化。

智能网联汽车产业未来有四大发展趋势:一是产业层面,将从制造行业单线条到多产业链深度融合;二是供应层面,汽车产品可扩展性增强,主机厂从制造向出行服务升级;三是服务层面,形成以车联网为服务载体的生态服务体系;四是人车关系,汽车由出行工具进化为移动智慧伙伴。

从国家战略来看,当前我国已将智能网联汽车与节能汽车、新能源汽车并列作为我国汽车产业发展的重要战略方向。大力发展智能网联是深化供给侧结构性改革,推动新旧动能持续转换,建设制造强国、网络强国、交通强国的重要支撑,是培育经济发展新动能的重要引擎。我国"政府+市场"型发展模式下的新能源汽车产业,已经预见5~10年内的技术变革,新能源、可再生能源是电动车性价比的两个拐点,会在2020—2025年实现,2025年后实现跨越式发展。经过一段时间的技术快速迭代与市场孕育进程,智能网联汽车产业发展关键节点在2020年和2030年得以实现,2020年发展驶入快车道,2030年各方面技术全面突破。

从行业发展来看,市场疲软、消费需求升级、共享出行刺激可以看成汽车产业变革的内因;而外因则是经济的转型升级、技术变革以及移动互联网红利见顶后新增长极的挖掘。在内外因共同助力下,车联网将成为驱动变革的新引擎。汽车接棒智能手机,成为新技术应用的重要载体,车联网作为万物互联极为重要的一环有望迎来机遇性发展。

从消费者需求来看,智能网联汽车需要从消费者的视角出发,符合用户情感化、便捷化以及一体化需求。

总之,车联网的不断发展让人们的出行生活变得更加安全、智能、便利和有趣。但目前各车机厂商或车联网服务商的服务层次与能力还存在较大差异,整体的车联网服务水平有待提升。

项目2 | 新能源汽车的结构认知

新能源汽车,又称代用燃料汽车,包括纯电动汽车、燃料电池电动汽车这类全部使用非石油燃料的汽车,也包括混合动力电动汽车、乙醇汽油汽车等部分使用非石油燃料的汽车。目前存在的新能源汽车都包括在这一概念里,具体分为混合动力汽车、纯电动汽车、燃料电池汽车、醇醚燃料汽车、天然气汽车等。新能源汽车的概念可以参考国家《新能源汽车生产企业及产品准入管理规则》的规定:新能源汽车是指采用非常规的车用燃料作为动力来源,综合车辆的动力控制和驱动方面的先进技术,形成的具有新技术、新结构、技术原理先进的汽车。

/任务 1/ 纯电动汽车结构认知

纯电动汽车(Blade Electric Vehicles,BEV)是一种完全由可充电电池(如铅酸电池、镍镉电池、镍氢电池或锂离子电池)提供动力源的汽车。它以车载电源为动力,通过电池向电动机提供电能,驱动电动机运转,从而推动汽车前进,使之符合道路交通、安全法规的各项要求。

[学习目标]

1. 能描述动力电池的结构。
2. 能说明动力电池的类型。
3. 认识电动机的分类。
4. 认识驱动系统的组成。
5. 能说出高压控制盒的控制内容。

[相关知识]

一、纯电动汽车标准

根据纯电动汽车当前的发展情况,纯电动汽车必须符合以下条件:

①纯电动汽车研发制造运营必须符合国家各项相关法规。整车、零部件性能必须满足

国家技术标准和各项具体要求。

②纯电动汽车以电为能源,由电动机驱动行驶,不会产生新的污染,不会发生易燃、易爆的隐患。

③纯电动汽车储能用的电池必须是无污染、环保型的,且具有耐久的寿命,具备超快充电的功能。车辆根据用途确定一次充电的续行里程,以此装置够用电量的电池组,充分利用公用充电站超快充电以延长续行里程。

④电动机组应有高效率的能量转换。刹车、减速的能量可以直接利用和回收,力求车辆综合能源利用的高效率。

⑤根据车辆用途和行驶场合设定最高车速,且不得超过交通法规的限定值,以合理选择电动机的功率和配置电池组容量。

⑥车辆驾驶操作、控制简单有效,工作可靠,确保行车安全。

⑦机械、电气装置耐用,少维修。车辆运营费用低廉。

二、纯电动汽车性能分析

1.纯电动汽车与传统的内燃机汽车的结构比较

纯电动汽车与传统的内燃机汽车在车身结构及外观上基本相同,但两者的驱动系统不同。

①纯电动汽车以车载电源作动力源,而传统内燃机汽车以燃油作动力源。

②纯电动汽车用动力电动机替代内燃发动机驱动车辆行驶。

③纯电动汽车以高压大电流为动力系统,而传统内燃机汽车除点火系统用高压低电流之外,其他电源均为低压弱电系统。

④纯电动汽车包括驱动电动机、动力电池和电控系统、充电机、DC-DC 等主要高压电器。

2.纯电动汽车的优缺点

①优点:零排放;比汽油机驱动汽车的能源利用率高;使用单一的电能源,省去了发动机、变速器、油箱、冷却和排气系统,结构简单;噪声小;可在用电低峰时充电,可以平抑电网的峰谷差,使发电设备得到充分利用。

②缺点:续驶里程较短、采用蓄电池及电动机控制器使用成本较高、充电时间长、维护成本较高、蓄电池寿命短等。

3.影响纯电动汽车发展的因素

影响纯电动汽车发展的因素有两种:一种是续驶里程短,这主要是因为电池的容量密度不高,电池的价格高;另一种是充电时间长,充电桩的数量少等。

三、纯电动汽车的整体汽车结构

纯电动汽车主要由电池管理系统、电动机控制系统、驱动力传动系统、整车控制系统以及辅助系统等构成,其组成如图2-1-1所示。电力驱动控制系统是电动汽车的核心,这是纯电动汽车与传统汽车的最大区别。汽车行驶时,由蓄电池输出电能(电流)通过控制器驱动电动机运转,电动机输出的转矩经传动系统带动车轮前进或后退。

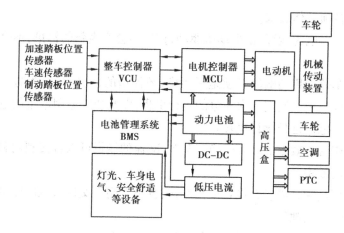

图 2-1-1

1.电源系统

纯电动汽车的电源系统由动力电池、电池管理系统、充电系统、高压盒和低压电气系统等组成,如图 2-1-2 所示。其中,高压动力电池和电池管理系统是电源系统的核心部件。

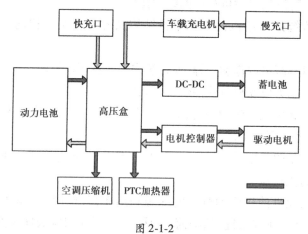

图 2-1-2

（1）动力电池

动力电池由电池箱、电池模组、电池托架、压条、高压连接线、电压和电流传感器、温度传感器、冷却系统和加热系统等组成。其外观如图 2-1-3 所示。纯电动汽车的能量来源是动力电池组,其体积、比能量、比功率、充放电循环寿命直接影响整车的行驶性能。动力电池一直是制约电动汽车发展的关键因素。电动汽车用电池的主要性能指标是比能量、能量密度、比功率、循环寿命和成本等。

（2）电池管理系统

动力电池模组的电压、电流和温度要时刻进行监控,以防止充电时过充而引起过载,从而损坏动力电池。同时在充电和电机工作时要防止温度升高而损坏动力电池。此外,在动力电池放电过程中要防止动力电池过放电而损坏动力电池,电机在低温环境中使用时也要损坏动力电池。动力电池的电压、电流和温度都必须保持在正常范围内,必须对动力电池的电压及温度进行控制。每一个电池模块有一个电压、电流和温度传感器,如图2-1-4所示。

图 2-1-3

图 2-1-4

（3）充电系统

充电系统分为快速充电系统（图2-1-5）和随车充电系统（图2-1-6）两部分。快速充电系统的充电接口接入了与动力电池相同电压等级的充入电源,并采用直流充电直接充入动力电池；随车充电系统通常利用外接220 V交流电源,在车内采用交直流转换再提供给动力电池,该充电方式充电时间相对较长。

（4）高压盒

动力电池的高压盒包括预充电阻、总正继电器、电流传感器、总正输出、总负输出等。

（5）低压电气系统

低压电气系统采用直流12 V电源,一方面为灯光和刮水器等常规低压电气设备供电；另一方面为整车控制器、电机控制系统、电池管理系统以及高压电气设备的控制器和冷却电动水泵等辅助部件供电。低压电气系统实现整车常电源（B+）、点火电源（IGN1、IGN2）、附件电源（ACC）的供给及分配功能,在合适的电源控制状态下为全车低压电气设备及模块供电,如图2-1-7所示。

图 2-1-5

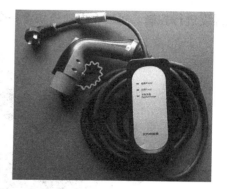

图 2-1-6

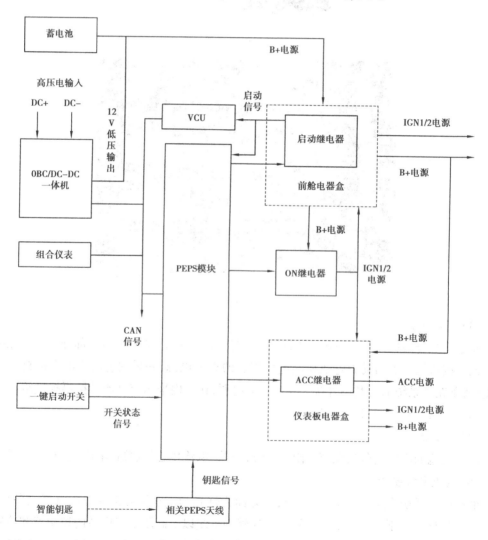

图 2-1-7

2.电机控制系统

电机控制系统是电动汽车的心脏,由电动机控制器(图2-1-8)、电动机(图2-1-9)等组成,其任务是在驾驶员的控制下,高效率地将动力蓄电池的能量转化为车轮的动能,或者将车轮的动能反馈到蓄电池。

图 2-1-8

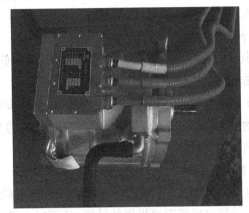

图 2-1-9

(1)电动机

电动机俗称马达,是一种将电能转化成机械能,再使机械能产生动能,用来驱动其他装置的电气设备。电动汽车采用动力电池作为车载能源,其容量受到限制,为了尽可能地延长续驶里程,大多数驱动系统都采用了能量回馈技术,即在汽车制动时,通过控制器将车轮损耗的动能反馈到电池中,并使电动机处于发电状态,将发出的电输送到电池中。电动汽车的驱动机应称为电机,而不是人们通常称为的电动机。例如,中大青山采用的双定子磁悬浮复合转子电机既能将电能转化为机械能,又能将机械能转化为电能。

(2)电机类型

纯电动汽车常用的电机有感应电机(又称异步电机)(图2-1-10)和永磁电机(图2-1-11)两类。

图 2-1-10

图 2-1-11

1）永磁无刷同步电机

永磁无刷同步电机用永磁材料代替传统同步电机的励磁绕组，就能去掉传统的电刷、滑环和励磁绕组的铜损，由于采用正弦交流电及无刷结构，因此又称为永磁无刷交流电机。其优点是高能量密度和高效率，其恒功率区域有更宽的转速范围，并可以矢量控制方法来满足电动汽车的高性能要求，如南车时代的电机。

2）异步电机

异步电机的特点是结构简单、坚固耐用、成本低廉、运行可靠、低转矩脉动、低噪声、不需要位置传感器、转速极限高。

异步电机矢量控制调速技术比较成熟，使异步电机驱动系统具有明显的优势，被较早应用于电动汽车的驱动系统，是电动汽车驱动系统的主流产品（尤其在美国），目前被其他新型无刷永磁牵引电机驱动系统逐步取代。

（3）整车控制系统

纯电动汽车的整车控制技术的核心是根据驾驶员的动作，综合整车动力系统状态，根据行驶条件计算电机所需要提供的转矩，从而向电机驱动系统发出信号，满足行驶要求。基于不同行驶条件下对转矩的要求，整车控制策略分为加速转矩控制动能量回收、驱动转矩的功率限制、怠速行驶等功能。

整车控制系统一般包括传感器、控制器（控制单元）和执行器（执行元件）。传感器采集信息并转换成电信号发送给控制器，控制器根据传感器的信息进行运算、处理和决策，向执行器发送控制指令以完成某项控制功能，如图 2-1-12 所示。

在电动汽车控制系统中，整车控制器除了完成自身的一些控制功能外，还肩负着整个控制系统的管理和协调功能。整车控制采用分层控制方式，整车控制器为第一层，其他各控制器为第二层，各控制器之间通过 CAN 网络进行信息交互，共同实现整车的功能控制。整车控制系统常与电池管理系统（BMS）和电机控制系统（MCU）等相互通信时，可以通过 CAN 总线将 3 个控制系统连接起来，如图 2-1-13 所示。

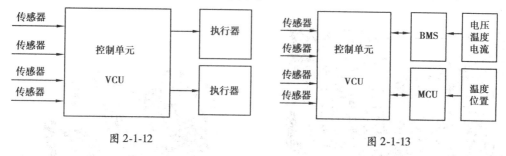

图 2-1-12   图 2-1-13

/任务2/　混合动力汽车认知

混合动力汽车(Hybrid Electrical Vehicle,HEV)是指同时装备两种动力源——热动力源(由传统的汽油机或者柴油机产生)和电动力源(电池与电动机)的汽车。

[学习目标]

1.能描述混合动力汽车的种类。

2.能说明混合动力汽车的优点和缺点。

3.能说明混合动力汽车的发展。

[相关知识]

混合动力汽车是介于内燃机汽车和纯电动汽车之间的一种车型,是内燃机汽车向纯电动汽车过渡的车型。混合动力汽车尽管不能实现零排放,但其动力性、经济性以及排放等性能能够在一定程度上缓解汽车发展与环境污染、能源危机的矛盾。混合动力汽车与传统汽车的最大区别在于其动力系统,它通常至少拥有两个动力源和两个能量储存系统。

一、混合动力汽车的优势

①大大减少了甚至消除了发动机怠速;短暂停车时,可关闭发动机;在行驶时,可利用电动机重启发动机。

②在发动机功率上,混合动力汽车比传统汽车小,发动机工作更加稳定,负载情况下由电动机提供。

③传统汽车机械制动中能量转化为热量散发,而混合动力汽车可在制动时利用电动机的发电模式来回收制动能量。

二、混合动力汽车的类型

1.按驱动系统能量流和功率流的配置结构关系分类

根据驱动系统能量流和功率流的配置结构关系,混合动力系统可以分为串联式混合动力系统、并联式混合动力系统、混联式混合动力系统等,如图2-2-1所示。

(1)串联式混合动力系统

串联式混合动力系统的关键特征是在功率变换器中两个电功率被加在一起,其结构如图2-2-2所示。该功率变换器起电功率耦合器的作用,控制从蓄电池组和发电机到电动机的功率流,或反向控制从电动机到蓄电池组的功率流。燃油箱、发动机和发电机组成基本能源,而蓄电池组则起能量缓冲器的作用。

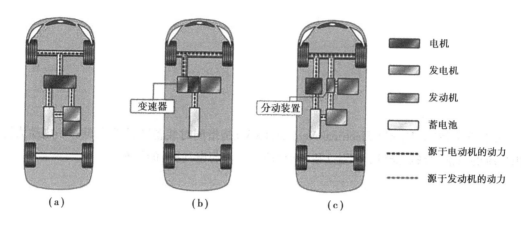

图 2-2-1

（2）并联式混合动力系统

并联式混合动力系统的关键特征是在机械耦合器中两个机械功率被加在一起，其结构如图 2-2-3 所示。发动机是基本能源设备，而蓄电池组和电动机驱动装置则组成能量缓冲器。此时，功率流仅受动力装置——发动机和电动机所控制。

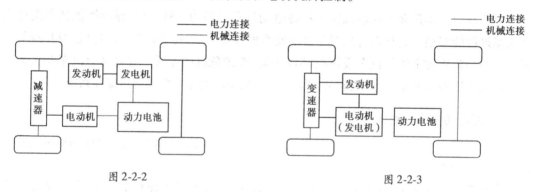

图 2-2-2   图 2-2-3

（3）混联式混合动力系统

混联式混合动力系统的特征是使用了机械的和电气的两个功率耦合器，其结构如图 2-2-4 所示。实际上，这一构造是串联式和并联式结构的组合，它具有两者的主要特性，相比串联式或并联式的单一结构，拥有更多的运行模式。但它的结构更为复杂，且成本较高。

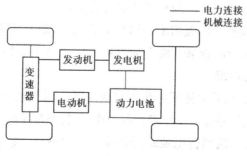

图 2-2-4

（4）复合式混合动力系统

复合式混合动力系统具有与混联式相似的结构。唯一的差异在于电耦合功能由功率变换器转移到蓄电池组，并且在电动机/发电机组和蓄电池组之间加入一个功率变换器，其结构如图2-2-5所示。

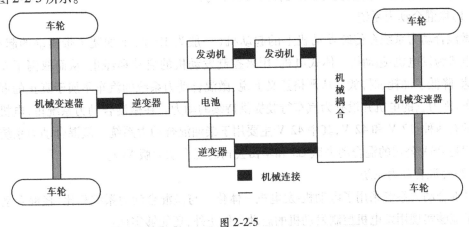

图 2-2-5

（5）插电式混合动力系统

插电式混合动力系统是一种将纯电动系统和现有混合动力系统相结合的产物。由于车辆带有外接插入式充电系统，因此可以单独利用电动机行驶较长的距离，将内燃机的工作比例进一步缩小，提供更好的节油比例，但会消耗一定的电能。同时，解决了目前纯电动汽车续驶里程短的问题。但随着电池技术的发展，插电式混合动力系统仅仅是一种过渡方案，其结构如图2-2-6所示。

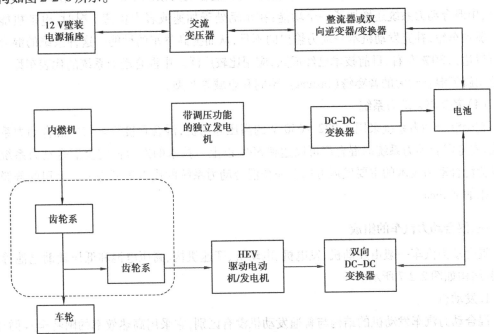

图 2-2-6

2. 按混合程度分类

根据在混合动力系统中,电机的输出功率在整个系统输出功率中占的比重,也就是常说的混合度的不同,混合动力系统可以分为微混合动力系统(BSG 系统)、轻混合动力系统(ISG 系统)、中混合动力系统、完全混合动力系统等。

(1)微混合动力系统

微混合动力系统在传统发动机上的起动机(一般为 12 V)上加装了带驱动的起动机。驱动电机为发电机-起动机一体式电机,用来控制发动机的启动和停止,从而取消了发动机的怠速,降低了油耗和排放。从严格意义上说,微混合动力系统的汽车不属于真正的混合动力汽车,因为它的电机并没有为汽车行驶提供持续的动力。在微混合动力系统里,电机的电压通常有两种:12 V 和 42 V,其中 42 V 主要用于柴油混合动力系统。微混合动力系统的代表车型是 PSA 公司的混合动力版 C3 和丰田公司的混合动力版 Vitz。

(2)轻混合动力系统

轻混合动力系统采用了电动机-发电机一体化。与微混合动力系统相比,轻混合动力系统除了能够实现用发电机控制发动机的启动和停止外,还能够实现:

①在减速和制动工况下,对部分能量进行吸收。

②在行驶过程中,发动机等速运转,发动机产生的能量可以在车轮的驱动需求和发电机的充电需求之间进行调节。轻混合动力系统的混合度一般在 20% 以下。轻混合动力系统的代表车型是通用汽车公司的混合动力皮卡车。

(3)中混合动力系统

中混合动力系统同样采用了 ISG 系统,但与轻混合动力系统不同的是使用了高压电机。此外,中混合动力系统还增加了一个功能:在车辆处于加速或者大负荷工况时,电动机能够辅助驱动车轮,补充发动机本身动力输出的不足,从而提高整车的性能。这种系统的混合程度可以达到 30% 左右,目前技术已经成熟,应用比较广泛。中混合动力系统的代表车型是本田公司旗下混合动力的音赛特(Insight)、雅阁和思域等车型。

(4)完全混合动力系统

完全混合动力系统采用了 272 ~ 650 V 的高压起动机,混合程度高。与中混合动力系统相比,完全混合动力系统的混合度可以达到 50% 以上。技术的发展使完全混合动力系统逐渐成为混合动力技术的主要发展方向。完全混合动力系统的代表车型是丰田公司的普锐斯和蔚来的 Estima。

三、混合动力汽车的组成

混合动力汽车一般由发动机、发电机、电动机、变速机构、高压电池和低压辅助电池等组成,其结构如图 2-2-7 所示。

1. 发动机

混合动力汽车发动机的结构与普通发动机没有区别,它采用高热效率的阿特金森循环,主要原理是延迟进气门关闭正时会相应地延迟压缩的实际开始时间,如图 2-2-8 所示。

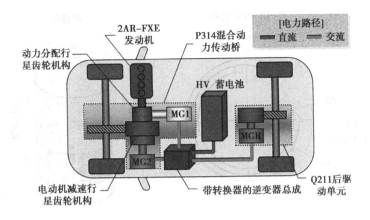

图 2-2-7

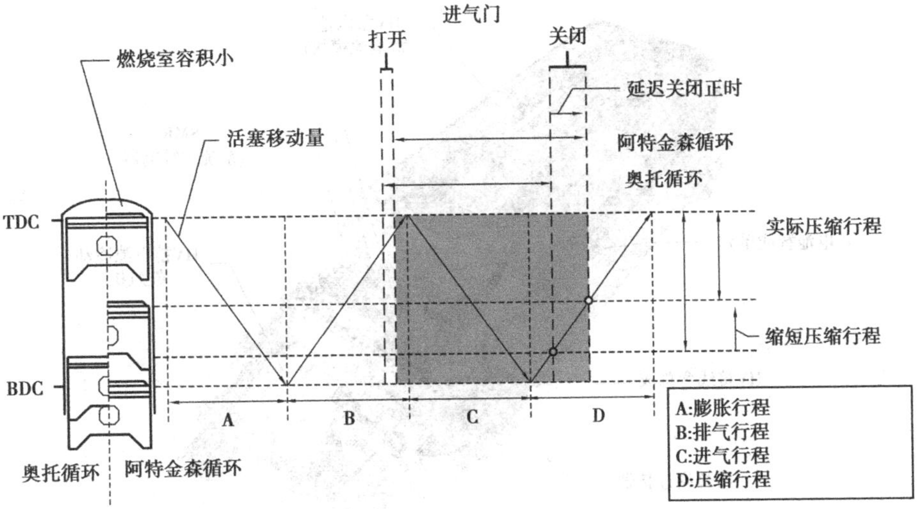

图 2-2-8

阿特金森循环与传统发动机的工作循环相比,其最大特点就是做功行程比压缩行程长,膨胀比大于压缩比,更长的做功行程可以更有效地利用燃烧后废气残存的高压,燃油效率比传统发动机高,其结构与原理如图 2-2-9 所示。

2. 高压电池

混合动力汽车的高压电池一般采用镍氢电池,其结构如图 2-2-10 所示。

3. MG(电动机/发电机)

发动机带动 MG1 发电,MG1 是发电机,但是在启动的时候 MG1 接通高压电池,成为起动机,MG2 在高压电池接通时是电动机,但是在汽车制动时,能量回收,MG2 又是发电机,其连接原理如图 2-2-11 所示。

4. 减速机构

混合动力汽车的减速机构一般为行星轮系,行星轮系结构紧凑,体积小,便于布置。MG1 与动力分配行星轮系相连接,而 MG2 与减速行星齿轮机构相连接,其结构如图 2-2-12 所示。

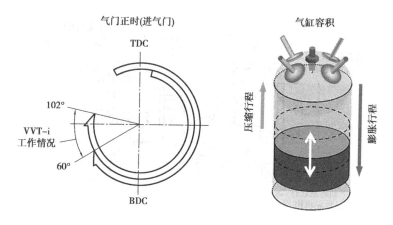

图 2-2-9

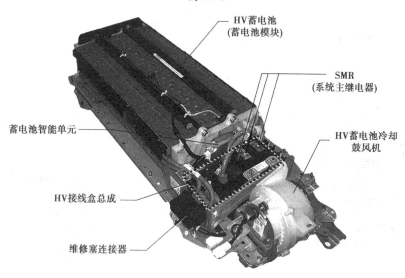

图 2-2-10

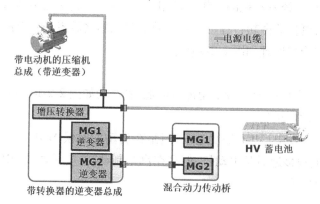

图 2-2-11

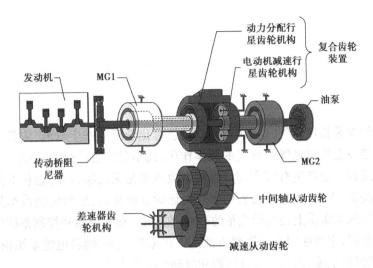

图 2-2-12

四、混合动力汽车工作模式

1.纯电动模式

当并联式混合动力汽车处于低速、轻载等工况且电池的SOC较高时,若以发动机作为驱动动力源,则发动机不仅燃油效率较低,并且排放性能很差。在这种情况下,发动机停止工作,由电池提供能量驱动电机带动整车运动。但当电池的SOC较低时,为了延长电池寿命,应当切换到行车充电模式。

2.纯发动机模式

车辆中高速行驶且中等负荷时,车辆克服行车阻力所需的动力并不是很大且电池的SOC并不是很低。在这种情况下主要由发动机提供动力。此时,发动机可工作于较高的效率区域且排放性能较好。

3.混合驱动模式

在急加速或爬坡等大负荷情况下,当车辆所需的动力超过发动机工作能力或不在发动机高效区时,这时驱动电机以电动机的形式工作,对发动机进行助力。若此时电池的SOC值比较低,为了保护电池,只能由发动机单独驱动。

4.行车充电模式

车辆正常行驶且中低负荷时,若这时电池的SOC较低,发动机除了要提供驱动车辆所需的动力外,还要提供额外的功率对电池充电。

5.再生制动模式

当并联式混合动力汽车减速/制动时,电机在保证制动安全的前提下尽可能多地回收再生制动能量,剩余的能量由机械制动系统消耗掉。

6.急速停车模式

在急速停车模式中,并联式混合动力汽车通常关闭发动机和电机,但如果这时电池SOC较低,需要开启发动机和电机,控制发动机带动电机为电池充电。

/任务 3/ 燃料电池汽车结构认知

燃料电池汽车是指以氢气、甲醇等为燃料,通过化学反应产生电流,依靠电机驱动的汽车。其电池的能量是通过氢气和氧气的化学作用,而不是经过燃烧直接变成电能。燃料电池的化学反应过程不会产生有害产物。燃料电池汽车是无污染汽车,燃料电池的能量转换效率比内燃机高 2~3 倍,从能源的利用和环境保护方面来看,燃料电池汽车是一种理想的汽车。燃料电池汽车实质上是电动汽车的一种,在车身、动力传动和控制系统等方面与普通电动汽车基本相同,主要区别在于燃料电池的工作原理不同,燃料电池系统由动力电池组、高压储氢罐、氢燃料电池、燃料电池升压器和驱动电机等组成。

燃料电池的反应机理是将燃料中的化学能不经过燃烧直接转化为电能,即通过电化学反应将化学能转化为电能,实际上就是电解水逆过程,通过氢氧的化学反应生成水并释放电能。电化学反应所需的还原剂一般采用氢气,氧化剂则采用氧气。最早开发的燃料电池电动汽车多是直接采用氢燃料,氢气的储存可采用液化氢、压缩氢气或金属氢氧化物储氢等形式。

燃料电池的反应不经过热机过程,其能量转换效率不受卡诺循环的限制,能量转化效率高。燃料电池排放的主要是水,非常清洁,不产生任何有害的物质。燃料电池技术的研究和开发备受各国政府及大公司的重视,被认为是 21 世纪洁净、高效的发电技术之一。

[知识目标]

1. 能描述燃料电池的作用。
2. 能说明燃料电池的类型。
3. 能阐述燃料电池汽车的优缺点。

[相关知识]

一、燃料电池的定义

燃料电池(Fuel Cell)是一种不需要经过卡诺循环的电化学发电装置,能量转化率高。燃料和空气分别送进燃料电池,电就被奇妙地生产出来。它从外表上看有正负极和电解质等,像一个蓄电池,但实质上它不能"储电",而是一个"发电厂"。在能量转换过程中,几乎不产生污染环境的含氮和硫氧化物,燃料电池还被认为是一种环境友好的能量转换装置。燃料电池已经在发电站、微型电源等方面开始应用。

二、燃料电池汽车的特点

燃料电池作为一种能量转化装置,与车用内燃机相比,具有一定的优势,同时存在一些问题。

1.燃料电池汽车的独特优势

燃料电池汽车与传统汽车、混合动力汽车以及纯电动汽车相比拥有很多优势。具体体现在以下4个方面:

(1)清洁无污染

采用以氢气为燃料的燃料电池,燃料经过化学反应后产生出的废物只有水,其排放废气属于零污染,可以说燃料电池汽车是完全意义上的"清洁汽车"。

(2)燃料补充方便、快捷,续航力远超普通纯电动汽车。

纯电动汽车充电时间较长,一次充电完成需要 7~8 h,而且充满电后续航里程较短,常常不超过 300 km。燃料电池汽车可以像传统的汽油汽车一样方便地补充燃料,而且充满燃料后一般续航里程可达到 400 km 以上,超过了很多传统的使用汽油的汽车。

(3)效能高

燃料电池汽车有极高的能源利用效率。燃料电池本身就是一种效率极高的能量生成装置,加上车辆合理的设计(如再生制动系统的使用、辅助电池的应用),使得燃料电池汽车具有极高的能源利用效率。

(4)动力性能优异

燃料电池可以持续稳定地输出电力,加上高性能电机的应用,使燃料电池汽车具有极佳的动力性能。

2.燃料电池汽车存在的问题

虽然燃料电池汽车有诸多的优点,但目前技术等方面的原因,使燃料电池汽车的商业化推广仍然存在很多问题。概括起来主要是两个方面的问题:一是性能与成本问题;二是燃料供应与基础设施问题。

(1)性能与成本问题

要实现燃料电池汽车的商业化,必须使燃料电池汽车的性能相当于甚至优于现在的内燃机汽车,同时价格与现在的内燃机汽车价格持平甚至比其更低。毫无疑问,现在燃料电池汽车成本高的主要原因在于燃料电池系统本身的成本太高。

(2)燃料供应与基础设施问题

实现燃料电池汽车的商业化,燃料(氢气)的供应和基础设施建设问题必须得到同步解决。现在有部分燃料电池汽车采用现场制氢的方式直接供应。现场制氢的方式结构极其复杂,且不能达到真正的零排放,只能是一种过渡手段。氢气是一种与石油性质完全不同的物质。氢气的来源、运输供应、储存和加注成为燃料电池汽车商业化发展的重要问题。美国现在建造能加相当于100 万桶石油的加氢站的费用约为 1 000 亿美元,而这仅能满足美国现有汽车 10% 的需求,可见建造加氢站的费用是巨大的。在美国和欧洲,加氢站建设的法规前几年已经成型,我国正在积极地做相关的工作。

三、燃料电池的组成和工作原理

燃料电池的基本结构主要由阳极、阴极、电解质和外部电路 4 个部分组成,其结构如图

2-3-1 所示。通常阳极为氢电极,阴极为氧电极。阳极和阴极上都需要含有一定量的电催化剂,用来加速电极上发生的电化学反应,两电极之间是电解质。

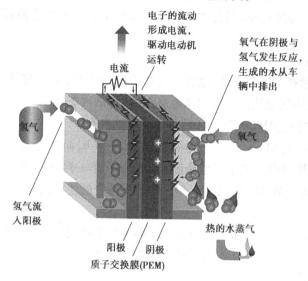

图 2-3-1

燃料电池的工作原理相对简单,主要包括燃料氧化和氧气还原两个电极反应及离子传输过程。早期的燃料电池结构相对简单,只需要传输离子的电解质和两个固态电极。当以氢气为燃料,氧气为氧化剂时,燃料电池的阴阳极反应和总反应为

阳极:$H_2 \longrightarrow 2H^+ + 2e^-$

阴极:$\frac{1}{2}O_2 + 2H^+ + 2e^- \longrightarrow H_2O$

总反应:$2H_2 + O_2 \longrightarrow 2H_2O$

伴随着电池反应,电池向外输出电能。只要保持氢气和氧气的供给,燃料电池就会连续不断地产生电能。

四、燃料电池的分类

燃料电池是一种将氢和氧的化学能通过电极反应直接转换成电能的装置,能量转换效率可达 60% ~70%,其实际使用效率是普通内燃机的两倍左右,能量转换效率高是燃料电池的主要特点之一。

燃料电池的种类有很多,其分类方法也较多。按不同方法大致分类如下:

①按燃料的类型分类有直接式燃料电池、间接式燃料电池和再生型燃料电池。

②按燃料电池工作温度分类有低温型(低于 200 ℃)、中温型(200 ~750 ℃)和高温型(高于 750 ℃)。

③按运行机理分类有酸性燃料电池和碱性燃料电池。

④按电解质的种类分类有碱性燃料电池、磷酸燃料电池、熔融碳酸盐燃料电池、固体氧化物燃料电池和质子交换膜燃料电池。

（1）碱性燃料电池（AFC）

碱性燃料电池的电解质为碱性的氢氧化钾（KOH），其结构原理如图2-3-2所示。碱性燃料电池一般以石墨、镍和不锈钢作为碱性燃料电池的结构材料。化学反应温度为80～260 ℃。碱性燃料电池是以KOH或者NaOH等强碱性的水溶液为电解质，氢为燃料，纯氧或者脱除微量二氧化碳的空气为氧化剂的燃料电池。碱性燃料电池在燃料电极处采用多孔镍或铂、钯为催化剂，在氧电极处用多孔银或金属氧化物、尖石晶为催化剂。

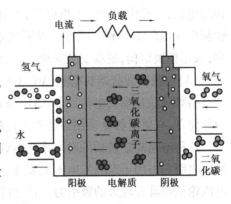

图2-3-2

碱性燃料电池是最早开发并获得成功的燃料电池。碱性燃料电池具有稳定、耐久等优点。碱性燃料电池分为中温（工作温度约为523 K）和低温（工作温度低于373 K）两种。

碱性燃料电池的优点：效率高，氧在碱性介质中的还原反应比其他的酸性介质高；本身是碱性介质，可以用非铂催化剂；工作温度低，可以采用镍板做双极板。

碱性燃料电池的缺点：电解质为碱性，易与CO_2生成K_2CO_3、Na_2CO_3沉淀，严重影响电池性能，必须除去CO_2，这给其在常规环境中的应用带来很大的困难；电池的水平衡困难，影响电池的稳定性。

（2）磷酸燃料电池（PAFC）

磷酸燃料电池以磷酸为电解质，由燃料电极、隔板、隔膜、空气电极、氧电极和冷却板组成。磷酸燃料电池以浓磷酸为电解质，在催化剂作用下被氧化成为质子。氢质子和水结合成水合质子，同时释放出两个自由电子，电子向阴极运动，而水合质子通过磷酸电解质向阴极移动，如图2-3-3所示。

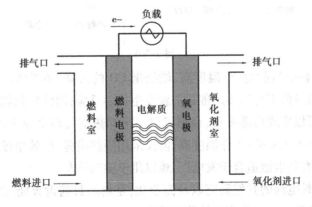

图2-3-3

磷酸燃料电池作为一种中低温型（工作温度180～220 ℃）燃料电池，具有发电效率高、清洁、适应多种燃料、无噪声、运转费低、设备场所限制少、大气压运转容易操作、安全性优良、部分负荷特性好等特点，还可以热水形式回收大部分热量。

磷酸燃料电池用于发电厂包括两种情形:一是分散型发电厂,容量为 10 ~ 20 MW,安装在配电站;二是中心电站型发电厂,容量在 100 MW 以上,可以作为中等规模热电厂。磷酸燃料电池电厂比一般电厂具有以下优点:即使在发电负荷比较低时,依然保持高的发电效率;采用模块结构,现场安装简单、省时,电厂扩容容易。

(3)熔融碳酸盐燃料电池(MCFC)

熔融碳酸盐燃料电池以 Li_2CO_3 和 K_2CO_3 的混合物为电解质,在燃料电极处采用多孔镍为催化剂,在氧电极处采用掺锂和氧化镍为催化剂。

这种电池需要较长的时间才能达到工作温度,不能用于交通运输,其电解质的温度和腐蚀性表明它们用于家庭发电不太安全。但是,其较高的发电效率对大规模的工业加工和发电汽轮机则具有较大的吸引力。目前的示范电池可产生高达 2 MW 的电力,50 ~ 100 MW 容量的电力设计已提到议事日程。

(4)固体氧化物燃料电池(SOFC)

固体氧化物燃料电池属于第三代燃料电池,其工作温度为 800 ~ 1 000 ℃。在这种燃料电池中,当氧离子从阴极移动到阳极氧化燃料气体(主要是氢和一氧化碳的混合物)时便产生能量。阳极生成的电子通过外部电路移动返回到阴极上,减少进入的氧,从而完成循环,其结构原理如图 2-3-4 所示。

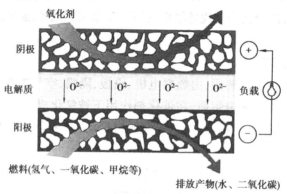

图 2-3-4

固体氧化物燃料电池的特点:温度高,能抵御 CO 的污染,燃料面广,可用煤、石油或天然气作为燃料;高温条件下可以不用催化剂就发生化学反应;固体氧化物催化剂对电池的结构材料没有腐蚀;可以实现内部重整,余热可以用来加热空气和甲醇等燃料;全固态氧化物材料制取困难,制作工艺复杂;工作温度高,需要采用隔热措施;热效率较熔融碳酸盐燃料电池低。固体氧化物燃料电池适合于发电厂,难以用于驱动汽车。

固体氧化物燃料电池的开发研究以及商业化,是解决目前世界能源短缺和环境污染的重要手段,受到了世界上大多数国家的普遍重视。

(5)质子交换膜燃料电池(PEMFC)

质子交换膜燃料电池也称为固态聚合燃料电池(SPFC)。质子交换膜燃料电池的质子膜多采用全氟磺酸质子交换膜,具有电解质、电极活性物质的基底和能够选择透过离子的功能。质子交换膜燃料电池单体主要由膜电极(阳极、阴极)、质子交换膜组成,其结构原理如图 2-3-5 所示。在燃料电池内部,质子交换膜为质子的迁移和输送提供通道,使质子经过膜从阳极到达阴极,与外电路的电子转移构成回路,向外界提供电流。质子交换膜的性能对燃料电池的性能起着非常重要的作用,它的好坏直接影响电池的使用寿命。

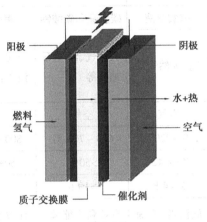

图 2-3-5

质子交换膜燃料电池采用贵重金属铂作为催化剂。由于燃料气体中的 CO 会使铂中毒,因此对燃料有较高要求。质子交换膜燃料电池比能量高达 200 W·h/kg,单体电池电压为 1 V,具有无腐蚀、安全耐用、在常温下容易快速启动和关闭等优点。

质子交换膜燃料电池的优点:发电过程不涉及氢氧燃烧,不受卡诺循环的限制,能量转换率高;发电时不产生污染,发电单元模块化,可靠性高,组装和维修都很方便,工作时没有噪声,是一种清洁、高效的绿色环保电源;工作温度低、启动快、功率高、结构简单、操作方便,被公认为是电动汽车、固体发电站等的首选能源。

质子交换膜燃料电池的缺点:全氟物质的合成和磺化非常困难,成膜过程中的水解\磺化容易使聚合物变性、降解,使成膜困难,导致成本较高;对温度和含水量要求高,最佳工作温度为 70 ~ 90 ℃,超过此温度会使其含水量急剧降低,导电性迅速下降,阻碍通过适当提高工作温度来提高电极反应速度和克服催化剂中毒的难题;某些碳氢化合物,如甲醇等,渗透率较高,不适合用作甲醇燃料电池的质子交换膜。

质子交换膜燃料电池发电作为新一代发电技术,其广阔的应用前景可与计算机技术相媲美。经过多年的基础研究与应用开发,质子交换膜燃料电池用作汽车动力的研究已经取得实质性进展,微型质子交换膜燃料电池便携电源和小型质子交换膜燃料电池移动电源已达到产品化程度,中、大功率质子交换膜燃料电池发电系统的研究也取得了一定成果。采用质子交换膜燃料电池氢能发电将大大提高重要装备及建筑电气系统的供电可靠性,使重要建筑物以市电和备用集中柴油电站供电的方式向市电与中、小型质子交换膜燃料电池发电装置、太阳能发电、风力发电等分散电源联网备用供电的灵活发供电系统转变,极大地提高了建筑物的智能化程度、节能水平和环保效益。

各类电池及其性能见表 2-3-1。

表 2-3-1　各类电池及其性能

燃料电池类型	碱性燃料电池	磷酸燃料电池	熔融碳酸盐燃料电池	固体氧化物燃料电池	质子交换膜燃料电池
简称	AFC	PAFC	MCFC	SOFC	PEMFC
电解质	氢氧化钾溶液	磷酸溶液	碳酸锂和碳酸钾	氧化锆陶瓷	质子交换膜
燃料	H_2	H_2、天然气等	天然气、液化石油气等	石油、煤、天然气、液化石油气等	H_2、甲醇等
氧化剂	O_2	空气	空气	空气	空气
工作温度	50~200 ℃	180~220 ℃	600~700 ℃	800~1 000 ℃	25~105 ℃
效率	60%~90%	37%~42%	>50%	50%~65%	43%~58%
启动时间	几分钟	2~4 h	>10 h	>10 h	几分钟
特点	无污染,效率高,少维护	低污染,低噪声,连续运行电效率低	有效利用能源,低噪声,腐蚀性电解质	有效利用能源,低噪声,腐蚀性电解质	污染排放很低,低噪声,适合于大规模生产
应用	航天、军事	中小电厂	大型发电厂	大型发电厂	车辆驱动,小型电源

五、燃料电池的驱动形式

1.燃料电池单独驱动(FCEV)

燃料电池单独驱动在结构上只有燃料电池一个动力源,汽车的所有功率负荷都由燃料电池承担。这种驱动形式的优点:①结构简单,便于实现系统控制和整体布置;②系统部件少,有利于整车的轻量化;③较少的部件使得整体的能量传递效率高。缺点:①燃料电池功率大、成本高;②对燃料电池系统的动态性能和可靠性提出了很高的要求;③不能进行制动能量回收。

2.燃料电池与辅助蓄电池联合驱动(FCEV)

燃料电池与辅助蓄电池联合驱动的结构为典型的串联式混合动力结构。在这种动力系统结构中,燃料电池和蓄电池一起为驱动电机提供能量,驱动电机将电能转化成机械能传给传动系,从而驱动汽车前进;在汽车制动时,驱动电机变成发电机,蓄电池储存回馈的能量。

这种驱动形式的优点:①增加价格相对低廉得多的蓄电池组,系统对燃料电池的功率要求有所降低,从而大大地降低了整车成本;②燃料电池可以在设定的工作条件下工作,工作时燃料电池的效率较高;③采用可以回收汽车制动时的部分动能,增加整车的能量效率。缺点:①蓄电池的使用使得整车的质量增加,动力性和经济性受到影响,这一点在能量复合型混合动力汽车上表现更为明显;②蓄电池充放电过程会有能量损耗;③系统变得复杂,系统控制和整体布置难度增加。

3. 燃料电池与超级电容联合驱动(FCEV)

燃料电池与超级电容联合驱动的结构形式与燃料电池+蓄电池结构相似,只是把蓄电池换成超级电容。超级电容充放电效率高,能量损失小,比蓄电池功率密度大,在回收制动能量方面比蓄电池有优势,循环寿命长,但超级电容的能量密度较小。

4. 燃料电池与辅助蓄电池和超级电容联合驱动(FCEV)

燃料电池与辅助蓄电池和超级电容联合驱动的结构也为串联式混合动力结构。燃料电池、蓄电池和超级电容一起为驱动电机提供能量,驱动电机将电能转化成机械能传给传动系,驱动汽车前进;在汽车制动时,驱动电机变成发电机,蓄电池和超级电容储存回馈的能量。

这种驱动形式的优点比燃料电池+蓄电池结构形式的优点更加明显,尤其是在部件效率、动态特性、制动能量回馈等方面。缺点:①增加了超级电容,系统质量可能增加;②系统更加复杂化,系统控制和整体布置的难度增大。

六、燃料电池汽车的关键技术

1. 燃料电池系统

燃料电池(图2-3-6)是燃料电池汽车发展的关键技术之一。燃料电池技术发展趋势可用耐久性、低温启动温度、净输出比功率和制造成本4个要素来评判。降低成本是燃料电池堆研究的目标。

2. 车载储氢系统

储氢技术是氢能利用走向规模化应用的关键。目前,常见的车载储氢系统有高压储氢、低温储存液氢和金属氢化物储氢3种基本方案,其结构如图2-3-7所示。

图 2-3-6　　　　　　　　　　　　　　　　　　图 2-3-7

3. 车载蓄电系统

燃料电池和蓄电池一起为驱动电机提供能量,如图2-3-8所示。在汽车制动时,驱动电机变成发电机,蓄电池储存回馈的能量。

车载蓄电系统包括铅酸电池、镍氢蓄电池、锂离子电池等蓄电池及电化学超级电容器。

①铅酸电池的功率密度低,充电时间长,作为未来电动汽车动力系统的可能性小,如图2-3-9所示。

图 2-3-8 图 2-3-9

②镍氢蓄电池具有高比能、大功率、快速充放电、耐用性优异等特性,是目前混合动力汽车和电动汽车中应用最广的绿色动力蓄电系统,如图2-3-10所示。

③锂离子电池具有比能量大、比功率高、自放电小、无记忆效应、循环特性好、可快速放电等优点,如图2-3-11所示。

图 2-3-10 图 2-3-11

④电化学超级电容器是一种新型储能装置,具有充电时间短、使用寿命长、温度特性好、节约能源和绿色环保等特点。超级电容器用途广泛,如图2-3-12所示。

图 2-3-12

4. 驱动电机及其控制技术

驱动电机是燃料电池汽车的心脏,它正向着大功率、高转速、高效率和小型化方向发展。

当前驱动电机主要有感应电动机和永磁无刷电动机,永磁无刷电动机具有较高的功率密度和效率、体积小、惯性低和响应快等优点,在电动汽车方面有着广阔的应用前景。

5. 整车布置(图 2-3-13)

燃料电池汽车在整车布置上存在以下关键问题:燃料电池发动机及电机的相关布置、动力电池组的车身布置、氢气瓶的安全布置、高压电安全系统的车身布置等问题。

图 2-3-13

6. 能源动力系统的能量管理策略

能量管理策略对燃料经济性影响很大,且受到动力系统参数和行驶工况的双重影响。完成能量管理策略的工况适应性开发后,其核心问题转变为功率分配优化,但必须考虑一些限制条件。

项目3 | 动力电池系统结构认知

汽车电池系统是整车的能量单元,为整车各个系统提供电能,是新能源汽车的核心部件。动力电池的发展决定着电动汽车的发展进程。

/任务 1/ 动力电池系统的认知

动力电池又称动力蓄电池、高压电池包,是纯电动汽车和油电混合动力汽车的重要能量储存动力源,在电动汽车上发挥着非常重要的作用。本任务主要学习动力电池的作用、动力电池的技术参数、对动力电池的要求、动力电池的常见类型等。

[学习目标]

1. 能描述动力电池的作用。
2. 能描述动力电池的技术参数。
3. 能说明对动力电池的要求。
4. 能说明动力电池的类型。

[相关知识]

一、动力电池的作用

动力电池一般安装在车身底部,如图 3-1-1 所示。动力电池是全车能量供给的供应源,提供驱动电机的电能和所有高压组件的工作电能,通过 DC-DC 直流转换器降压成 12 V 的低压电为整车低压系统供电,是纯电动汽车最重要的子系统之一。

图 3-1-1

二、动力电池的类型

动力电池有高压电池和低压电池之分,高压电池主要是储存能量和为车辆电机及驱动系统和低压电池提供能量,而低压电池主要为车辆辅助系统提供能量,如灯光及仪表系统等。动力电池按电池的类型可分为铅酸蓄电池、镍镉蓄电池、镍氢蓄电池、锂离子蓄电池、氢燃料电池等。

1. 铅酸蓄电池

铅酸蓄电池是指电极主要由铅及其氧化物制成,电解液是硫酸溶液的一种蓄电池,分为排气式蓄电池和免维护铅酸电池。铅酸蓄电池的特点见表 3-1-1。

表 3-1-1　铅酸蓄电池的特点

优　点	缺　点
组成简单	能量密度偏低
技术成熟,性能稳定、可靠,适用性好	电池比能量较低
无可燃性	标称电压低
安全性好	循环寿命偏短
工作温度范围较宽	产业链存在铅污染风险
应用比较成熟	
成本比较低	
具有较高的回收价值	

2. 镍镉蓄电池

镍镉蓄电池中含有镉,对环境有较大的污染,这类电池现已较少使用。

3. 镍氢蓄电池

镍氢蓄电池是 20 世纪 90 年代发展起来的一种新型蓄电池。它的正极活性物质主要由镍制成,负极活性物质主要由储氢合金制成,是一种碱性蓄电池,如图 3-1-2 所示为丰田普锐斯用镍氢动力蓄电池组。镍氢蓄电池的特点见表 3-1-2。

图 3-1-2

表 3-1-2　镍氢蓄电池的特点

优　点	缺　点
功率性能好	电池的热效应明显
低温性能好	电池比能量较低
循环寿命高	标称电压低
无污染	高温充电性能差
耐过充过放	自放电高
应用比较成熟	材料成本高
管理系统相对简单	
具有较高的回收价值	

4.锂离子蓄电池(锂电池)

锂离子蓄电池一般是指使用锂合金金属氧化物为正极材料,使用石墨为负极材料,使用非水电解质的电池。锂离子蓄电池的特点见表 3-1-3。

表 3-1-3　锂离子蓄电池的特点

优　点	缺　点
高能量密度	安全性问题
工作电压高	低温性能差,内阻大
自放电低	过放电能力差
充电效率高	过充电能力差
储存和循环寿命长	管理系统复杂
无记忆效应	
工作温度范围广	
环境污染低	

锂离子蓄电池的负极是储锂材料,电解质是锂盐的有机溶液或聚合物,正极材料主要有钴酸锂、锰酸锂、磷酸铁锂、三元材料等。目前,车用锂离子蓄电池正极主要选用磷酸铁锂和三元材料。磷酸铁锂电池是指用磷酸铁锂作为正极材料的锂离子蓄电池,具有循环寿命(100% DOD)达到 800 次以上、使用安全、可大电流快速放电、热稳定性好、金属资源丰富、无记忆效应等特点,如图 3-1-3 所示。

图 3-1-3

磷酸铁锂电池曾经是比亚迪新能源汽车的一大标签。磷酸铁锂电池曾靠着较长的充放寿命和较好的安全性成功占领了市场的主流。但是磷酸铁锂电池有一个致命的缺点，就是能量密度低。

三元锂电池正极使用镍钴锰酸锂三元材料，具有能量密度大、单体电压高、循环使用寿命（100% DOD）高、热稳定性好等特点，如图 3-1-4 所示。

图 3-1-4

5. 氢燃料电池

氢燃料电池是一种将燃料与氧化剂的化学能通过电化学反应直接转换成电能的发电装置。其优缺点见表 3-1-4。

表 3-1-4　氢燃料电池的优缺点

优　点	缺　点
理论热效率 100%	安全性问题
电化学反应清洁	技术难度大
电池比能量高	氢储存困难
噪声低	成本高昂
储存和循环寿命长	
无记忆效应	
工作温度范围广	
无环境污染	

氢燃料电池基本原理：把氢和氧分别供给阴极和阳极，氢通过阴极向外扩散和电解质（铂）发生反应后，放出的电子通过外部负载到达阳极。燃料的化学能直接转换为电能，不需要进行燃烧，能量转换率可达 60% ~ 80%，如图 3-1-5 所示。

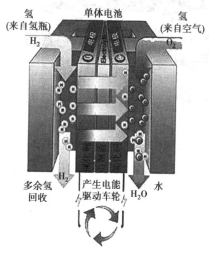
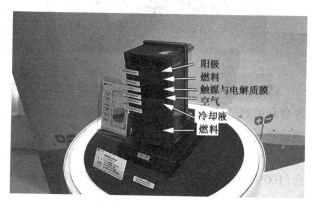

图 3-1-5

三、动力电池的技术参数

动力电池的技术参数包括电池电压、电池容量、电池荷电状态、放电制度、能量、功率等。

1. 电池电压

电池两个电极之间的电位差，称为电池电压。电池电压包括理论电压、开路电压、标称电压、放电终止电压等。

2. 电池容量

电池容量是指电池在一定放电条件下所能放出的电量，常以符号 C 表示，常用单位为安培·时（A·h）。电池容量包括理论容量、标称容量、额定容量、实际容量等。

3. 电池荷电状态

电池荷电状态（State of Charge，SOC）是蓄电池放电后剩余容量与电池额定容量的百分比，可以用 SOC 表示，取值为 $0 \leqslant SOC \leqslant 100\%$。$SOC = Q_r / Q_n$。其中 Q_r 表示电池剩余容量而 Q_n 表示电池额定容量。

4. 放电制度

放电制度是表示蓄电池放电状态的参数，包括放电速度、放电温度、终止电压等。

5. 能量

电池的能量是指在一定放电制度下，电池所能输出的电能，通常用瓦时（W·h）表示。电池的能量反映了电池做功能力的大小，也是电池放电过程中能量转换的量度。对于电动汽车来说，电池的能量大小直接影响电动汽车的行驶距离。电池的能量参数包括理论能量、实际能量和比能量，如图 3-1-6 所示。

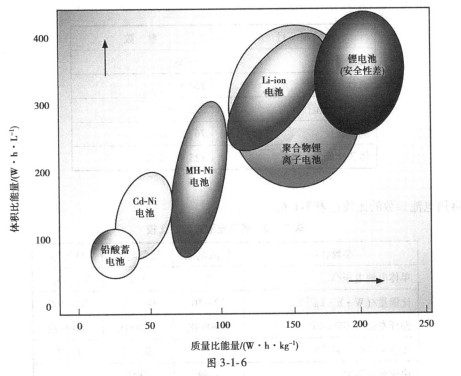

图 3-1-6

6. 功率

在一定放电制度下,单位时间内电池输出的能量,称为电池的功率,单位为 W 或 kW。单位质量或单位体积电池输出的功率,称为比功率,单位为 W/kg 或 W/L。比功率的大小表征电池所承受的工作电流的大小,是体现电池性能的一项重要指标。

比能量高的动力蓄电池就像龟兔赛跑里的乌龟,耐力好,可以长时间工作,续航里程长。而比功率高的动力蓄电池就像兔子,速度快,可以提供很高的瞬间电流,以保证加速性能。

E150EV 动力蓄电池系统技术参数见表 3-1-5。

表 3-1-5 E150EV 动力蓄电池系统技术参数

项 目	参 数
零部件号	E00008217
额定电压	320 V
电芯容量	66 A·h
额定能量	21.12 kW·h
连接方式	1P100S
电池系统供应商	PPST
电芯供应商	ATL
BMS 供应商	亿能

续表

项　目	参　数
总质量	278 kg
总体积	168 L
工作电压范围	220 ~ 400 V
能量密度	76 W·h/kg
体积比能量	125 W·h/L

常用电池参数的比较见表3-1-6。

表 3-1-6　常用电池参数的比较

参数名称	铅酸电池	镍氢电池	锂电池
单体电池电压/V	2	1.2	3.2 ~ 3.7
比能量/($W·h·kg^{-1}$)	30 ~ 50	60 ~ 90	70 ~ 160
循环寿命/100% DOD	≥300 次	≥400 次	≥600 次
放电率/(%·月$^{-1}$)	5	20 ~ 35	6 ~ 8
快速充电能力	一般	较好	好
耐过充能力	一般	强	差
记忆效应	无	无	无
环境污染	严重	微小	微小
使用温度范围/℃	−20 ~ 50	−20 ~ 50	−20 ~ 55
价格/[元·($W·h$)$^{-1}$]	<1	2 ~ 7	2 ~ 7
安全性	低	较高	较高
热稳定性	不稳定	较稳定	较稳定
过渡金属资源	贫乏	较丰富	较丰富
原料成本	昂贵	较低	较低

各种动力蓄电池的循环使用寿命如图3-1-7所示。其中,磷酸铁锂电池的循环使用寿命最长,铅酸电池的循环使用寿命最低。

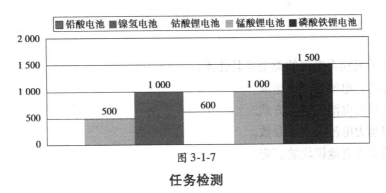

图 3-1-7

任务检测

一、填空题

1.电池单体由_____、_____、_____、_____、_____、_____等部分组成。

2.电池是指由一个以上的电池单体_____或_____而成,封装在一个电池壳体内,具有独立的正极和负极输出装置。

3.汽车尾气排放的主要污染物为_____、_____、_____、_____、_____等。

4.将化学能直接转变为电能的装置称为化学电池,常见的化学电池有_____、_____、_____、_____。

5.常见的蓄电池有_____、_____、_____、_____。

二、判断题

1.电池组也称电池包,是由多块电池通过串联或并联构成的一个储存电能或对外输出电能的部件。　　　　　　　　　　　　　　　　　　　　　　　(　　)

2.额定电压是指电气设备正常工作时的最佳电压,额定电压也称为标称电压。(　　)

3.自放电是指电池经过储存一定时间后,其容量会降低的现象。　　　　　(　　)

4.生物电池是指将生物质能直接转化为电能的装置。　　　　　　　　　　(　　)

5.铅酸蓄电池的单格电压为3.7 V。　　　　　　　　　　　　　　　　　(　　)

三、简答题

1.动力电池发展的原因是什么?

2.什么是动力电池组?

3.什么是电池系统?

4.电动汽车对动力电池有哪些要求?

5.生物电池有哪几种?

|任务2/ 动力电池的结构

动力电池是新能源汽车的核心部件,要了解新能源汽车,就得先了解新能源汽车使用的各种常见的动力电池。

[学习目标]

    1. 能描述常见动力电池的类型及其性能。

    2. 能描述动力电池系统的组成。

    3. 能说明动力电池的连接方式。

    4. 能掌握动力电池模块的参数。

    5. 能描述动力电池模块的固定。

[相关知识]

    动力电池最常用的是锂离子电池,纯电动汽车上的动力电池均为锂离子电池。

一、锂离子电池的类型及性能

1. 锂离子电池的组成

    锂离子电池是20世纪开发成功的新型高能电池,目前市场上热门的电动汽车用的电池绝大部分是锂离子电池。锂离子电池由正极、负极、隔膜、电解液和安全阀等组成。正负极及电解质材料的不同和工艺的差异使电池具有不同的性能,如图3-2-1所示。

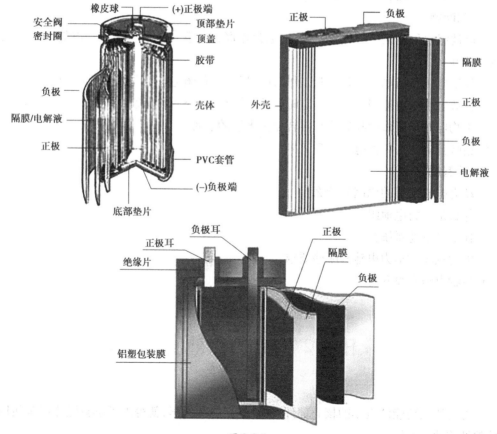

图 3-2-1

①正极。采用能吸藏锂离子的材料,放电时,锂变成锂离子,脱离电池正极,到达蓄电池阴极。

②隔膜。经特殊成型的高分子薄膜,薄膜有微孔结构,可以让锂离子自由通过,而电子不能通过,采用聚烯微多空膜,如 PE、PP 或它们的复合膜。

③负极。材料选择电位尽可能接近锂电位的可嵌入锂化合物,如各种碳材料,包括天然石墨、合成石墨、碳纤维和金属氧化物等。

④电解液。溶解有六氟磷酸锂的碳酸酯类溶剂,聚合物使用凝胶状电解液。

⑤外壳。分为钢壳、铝壳、镀镍铁壳、铝塑膜等。电池的盖帽是电池的正负极引出端。

2. 锂离子电池的类型

目前市场上的锂离子电池正极材料主要为钴酸锂、锰酸锂、磷酸铁锂以及三元材料镍钴锰酸锂,锂离子电池负极主要是碳材料,新的负极材料有锡基、硅基、合金基材料(钛酸锂)等,见表3-2-1。

表 3-2-1 电池材料

项 目	钴酸锂	锰酸锂	三元锂	磷酸铁锂
电压/V	3.6~3.7	3.6~3.7	3.6~3.7	3.2~3.3
比能量/$(W \cdot h \cdot kg^{-1})$	>150	>100	>140	>70
循环寿命/100% DOD	>600	>600	>600	>800
安全性	低	较高	较高	高
热稳定性	不稳定	较稳定	较稳定	稳定
过渡金属资源	贫乏	较丰富	较丰富	丰富
原料成本	昂贵	较低	较低	低

3. 锂离子电池的工作原理

锂离子电池是一种充电电池,它主要依靠锂离子在正极和负极之间移动来工作。在充放电过程中,Li^+ 在两个电极之间往返嵌入和脱嵌:充电时,Li^+ 从正极脱嵌,经过电解质嵌入负极,负极处于富锂状态;放电时则相反。一般采用含有锂元素的材料作为电极的电池,锂离子电池是现代高性能电池的代表。

当对电池进行充电时,电池的正极上有锂离子生成,生成的锂离子经过电解液运动到负极。而作为负极的碳呈层状结构,它有很多微孔,到达负极的锂离子嵌入碳层的微孔中,嵌入的锂离子越多,充电容量越高。

当蓄电池进行放电时,嵌在负极碳层的锂离子脱出,又运动回到正极。回到正极的锂离子越多,放电容量越高,如图3-2-2所示。

4. 锂离子电池的应用

近年来,锂离子电池的应用范围越来越广泛,锂离子电池广泛应用于电动汽车。

我国各个车企所用锂离子电池见表3-2-2。

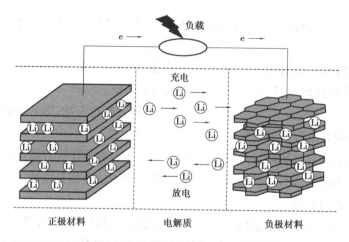

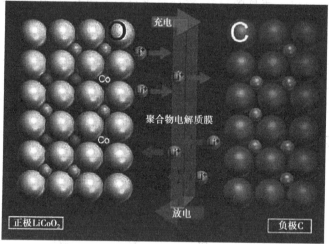

图 3-2-2

表 3-2-2　锂离子电池

车　型	电池类型
比亚迪 E6	磷酸铁锂电池
江淮和悦	
北汽 EV160	
荣威 E50	
金龙海格公交车	
比亚迪 K9 公交车	
宇通公交车	
众泰 5008EV	
北汽 EV200	三元锂电池
特斯拉 S	

二、动力电池系统的组成

动力电池系统一般安装在车身底部,由外壳、引出端子(电极)、铭牌、电池本体、服务插销(维修开关)、高低压连接线、电池管理系统、电池通风温控系统、PTC加热系统等组成,如图3-2-3所示。

1.外壳

外壳主要起保护动力电池的作用,箱体要坚固防水。箱体分为上箱体和下箱体。上箱体一般不会受到冲击,为了减轻质量,大部分采用玻璃钢材质。下箱体在整车的下部,是底盘的一部分。为防止遇到颠簸路面出现磕碰的情况,下箱体一般采用铸铁或铸铝材料。为了实现上下箱体之间的密封,有定位装置进行定位,并通过硅酮胶进行密封,如图3-2-4所示。

图 3-2-3

图 3-2-4

2.引出端子

如图3-2-5所示,动力电池外部有两个接口。左侧为动力母线接口,其作用为:在动力电池放电时向外输出电能使汽车及其附件工作;在动力电池充电时向动力蓄电池内部输入电能,实现对动力电池的充电。右侧为动力电池通信接口,其作用为:将动力电池的信息与整车控制VCU等进行通信联系,以实现对动力电池的管理并能实时掌握动力电池的状态。

图 3-2-5

3. 铭牌

在动力电池壳体上贴有两类标签：一类标签上是电池信息，如图 3-2-6 所示。电池种类为三元锂离子电池，额定电压为 346 V，额定容量为 150 Ah，重量为 384 kg，产品序号为 118524340056，生产日期为 2018 年 12 月 27 日。另一类标签为高压警示标签，表示电池内部高压，操作时请注意安全，如图 3-2-7 所示。

图 3-2-6

图 3-2-7

4. 电池本体

现代汽车电池普遍用三元锂电池、磷酸铁锂电池、镍镉镍氢电池等。这些电池具有高输入输出密度、质量轻、寿命长等特点。在实际应用中，一个电池包通常由许多单体电池组成，需要把单体电池进行串并联，以满足车辆的实际需求。动力电池从单体到并联串联成组、成包的过程称为PACK。每种车型具有不同的技术要求，需要根据具体车型适配不同容量的电池组，进而确定串并联形式和电芯规格等。

（1）串联

n 个电池通过串联构成电池模块（简称"nS"）时，电池模块的电压为单体电池电压的 n 倍，而电池模块的容量为单体电池的容量，如图 3-2-8 所示。

（2）并联

电池并联方式通常用于满足大电流的工作需要。m 个单体电池通过并联构成电池模块（简称"mP"）时，电池模块的容量为单体电池容量的 m 倍，电池模块的标称电压为单体电池的标称电压，如图 3-2-9 所示。

（3）混联

串并结合能够满足电池模块既提供高电压又有大电流放电的工作条件。"先串后并"还是"先并后串"取决于电池的实际需求，通常情况下电池并联的工作可靠性高于串联。

图 3-2-8

5. 电池管理系统

电池管理系统简称 BMS,是电池保护和管理的核心部件,在动力电池系统中,它的作用相当于人的大脑,如图 3-2-10 所示。

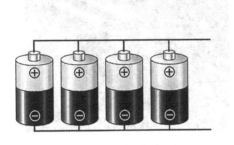

图 3-2-9

图 3-2-10

电池管理系统的功能:通过电压、电流及温度检测等功能实现对电动汽车动力电池的过电压、欠电压、过电流、过高温和低温保护,接触器控制、剩余电量(SOC)计算、充放电管理、均衡控制、故障报警及处理、与其他控制器通信等功能。此外,电池管理系统还具有高压回路绝缘检测功能,以及为动力电池系统加热的功能。

6. 辅助元器件

辅助元器件主要包括动力电池系统内部的电子电气元件以及接口,如电流传感器、熔断器、接触器、分流器、插接件、烟雾传感器、维修开关(MSD)及高低压线束,如图 3-2-11 所示。

电流传感器:用来监测电池的放电电流以及充电电流,计算电池的 SOC。

接触器(继电器):系统主继电器随着点火钥匙的 ON/OFF 而闭合或断开,当点火钥匙转到 OFF 时,主继电器切断高压系统以确保安全。当汽车受到碰撞或系统有故障时,主继电器会断开高压电。

熔断器(保险丝):用来保护汽车线路,当电池发生短路时,保险丝断开,以防止电子器件的损坏和车上发生火灾。

维修开关(MSD):在进行高压系统维修时,机械断开高压连接,保护维修人员的安全。

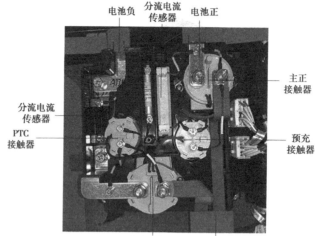

电池负　分流电流传感器　电池正

主正接触器

分流电流传感器

PTC接触器

预充接触器

主负接触器　直流动力母线出口

(a)高压盒

(b)熔断器

(c)维修开关(MSD)

图 3-2-11

7. 电池通风温控系统

目前,电动汽车动力电池为锂离子电池,锂离子电池的性能对温度变化较敏感,汽车的装载空间有限,汽车所需电池数目较大,电池均为紧密排列连接。当汽车在高速、低速、加速、减速等交替变换的不同行驶状况下运行时,电池会以不同倍率放电,以不同生热速率产生大量热量,加上时间累积以及空间影响会产生不均匀热量聚集,从而导致电池组运行环境温度复杂多变。

动力电池的冷却性能的好坏直接影响电池的效率,同时也会影响电池寿命和使用安全。充放电过程中电池本身会产生一定的热量,导致温度上升,而温度升高会影响电池的很多特性参数,如内阻、电压、SOC、可用容量、充放电效率和电池寿命。

为了使电池包发挥最佳性能和寿命,需要优化电池包的结构,对它进行热管理,增加散热设施,控制电池运行的温度环境。常见的散热方式有两种:一种为风冷;另一种为水冷。如图 3-2-12 所示。

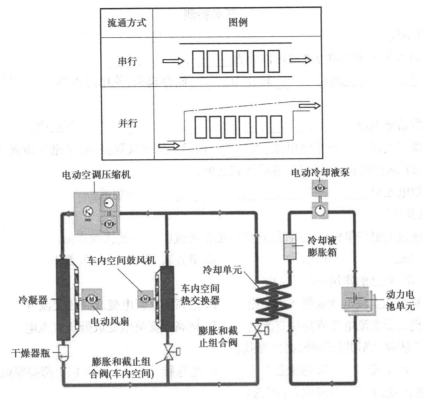

图 3-2-12

当动力电池温度较低时,需要对动力电池进行加热,PTC 加热系统由 PTC 接触器、PTC 熔断器及加热器组成。当需要对动力电池加热时,主控盒控制 PTC 接触器闭合,电流从动力电池流出,经过各 PTC 加热器对蓄电池继续加热。对于动力电池而言,PTC 加热采用多点加热,每个电池模组上都配有一个加热器,如图 3-2-13 所示。

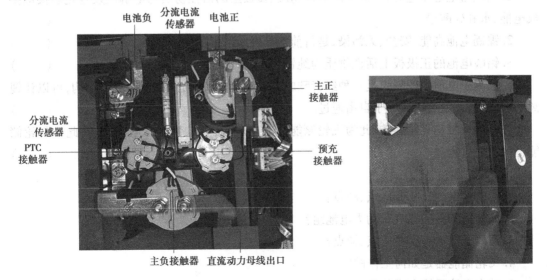

图 3-2-13

任务检测

一、填空题

1. 电动汽车使用的动力电池可以分为_____、_____、_____。

2. 蓄电池是通过充电将_____转化为_____储存起来,使用时再将_____转化为____释放出来。

3. 铅酸蓄电池由_____、_____、_____、_____、_____、_____等组成。

4. 锂离子电池是一种充电电池,当_____时,Li^+从正极脱嵌,经过电解质嵌入负极,当_____时,Li^+从负极脱嵌,经过电解质回到正极。

5. 飞轮电池由_____、_____、_____、_____、_____等组成。

二、选择题

1. 电池包由很多单格电池组成,这些电池是通过(　　)连接起来的。

 A. 串联　　　　　　B. 并联　　　　　　C. 串并联　　　　　　D. 都不是

2. DC-DC 转化的作用是(　　)。

 A. 把高压直流电变成低压直流电　　　　B. 把高压直流电变成高压交流电

 C. 把高压交流电变成高压直流电　　　　D. 把高压交流电变成低压直流电

3. 对新能源汽车进行维修,必须穿戴(　　)。

 A. 绝缘手套　　　B. 绝缘服　　　　C. 绝缘鞋　　　　D 以上都要穿戴

4. 电池系统由(　　)组成。(多选)

 A. 电池　　　　　B. 电流传感器　　　C. 保险丝　　　　D. 继电器

5. 汽车上常用的电池有(　　)。(多选)

 A. 铅酸蓄电池　　B. 锂离子电池　　C. 飞轮电池　　　D. 超级电容器

三、选择题

1. 铅酸蓄电池放电时,正极上的活性物质、负极上的活性物质与电解液发生化学反应生成电能、水和硫酸铅。　　　　　　　　　　　　　　　　　　　　　　　　(　　)

2. 镍镉电池高能、安全、无污染,是目前最具发展前景的电池之一。　　　(　　)

3. 铅酸电池的正极板上活性物质为纯铅,负极板上的活性物质为二氧化铅。(　　)

4. 锂离子电池中的隔膜是一种经特殊成型的高分子薄膜,薄膜上有微孔结构,可以让锂离子自由通过,也可以让电子自由通过。　　　　　　　　　　　　　　　(　　)

5. 电动机带动飞轮旋转,此为飞轮储能器充电过程;飞轮带动发电机旋转,此为飞轮储能器的放电过程。　　　　　　　　　　　　　　　　　　　　　　　　　(　　)

四、简答题

1. 铅酸蓄电池有哪些优点、缺点?

2. 如何拆卸新能源汽车动力电池组?

3. 锂离子电池有哪些优点、缺点?

4. 飞轮储能器是如何工作的?

5. 动力电池系统由哪些组成?

/任务3/ 动力电池的管理系统控制原理

汽车电池系统是整车的能量源,为整车提供驱动电能,是新能源汽车的核心部件。本任务主要学习动力电池管理系统的组成、动力电池管理系统的要求、动力电池管理系统的作用、动力电池管理系统的主要功能、新能源汽车能量使用的特点等。

[学习目标]

1. 能描述电动汽车对动力电池的要求。
2. 能说出动力电池管理系统的组成。
3. 能描述动力电池管理系统的主要功能。
4. 能描述新能源汽车能量使用的特点。

[相关知识]

动力电池管理系统(Battery Management System,BMS)是用来对蓄电池组进行安全监控及有效管理、提高蓄电池使用效率的装置,如图3-3-1所示。对于电动汽车而言,通过该系统对电池组充放电的有效控制,可以达到增加续驶里程、延长使用寿命、降低运行成本的目的,并保证动力电池组应用的安全性和可靠性。动力电池管理系统成为电动汽车必不可少的核心部件之一。

图 3-3-1

一、混合动力汽车对电池管理系统的要求

1. 电动汽车储能电池电量或能量计算功能

电池管理的核心问题就是SOC的预估问题,电动汽车电池SOC的合理范围为30% ~ 70%,这对保证电池寿命和整体的能量效率至关重要。电动汽车在运行时,电池的放电和充电均为脉冲工作模式,大的电流脉冲很可能造成电池过充电(超过80%SOC)、深放电(小于20%SOC),甚至过放电(接近0%SOC)。电动汽车的控制系统一定要对电池的荷电状态敏感,并能够及时作出准确的调整,这样电池管理系统才能根据电池容量决定电池的充放电电流,从而实施控制,根据各只电池容量的不同识别电池组中各电池间的性能差异,并以此作出均衡充电控制和电池是否损坏的判断,确保电池组的整体性能良好,延长电池组的寿命。

2. 对电动汽车储能电池的监测功能

对电动汽车电池组中的每块电池的端电压和温度进行采集,对每组电池充放电电流进行实时采集。由于电池组中的每块电池在使用中的性能和状态不一致,因此对每块电池的电压、电流和温度数据都要进行监测。当蓄电池电量过低需要充电时,及时报警,以防止电池过放电而损害电池的使用寿命。当电动汽车运行时,如果电池组中某块电池损坏或因使用时间过长需要更换电池,电池管理系统会及时报警并显示相关信息。及时取下坏的电池,提高系统的可靠性。当电池组温度过高,非正常工作时,电池管理系统会及时报警,以保证蓄电池的正常工作。

3. 控制功能

控制功能是指合理分配电池能量在汽车上的使用,以便达到节能的目的。例如,在汽车启动、爬坡过程中关闭空调等大耗电电器,使电池放电电流不会过大,有利于提高电池的实际使用能量。在电池组充电过程中,能量管理系统能根据检测的电池组中每块电池的有关数据,确定每块电池的能量状态,根据电池的充电和维护要求,控制充电机的充电过程,实现电池组的均衡充电,并能够采用有效的充电方法,提高充电效率,实现快速充电。

目前,在电动汽车上实现能量管理的难点和关键有以下两个方面:

①如何根据采集的每块电池的电压、温度和充放电电流的历史数据,建立确定每块电池的剩余能量的精确数学模型,即电动汽车的SOC状态计算技术。

②电动汽车储能电池的快速充电技术和均衡充电技术。这是目前全世界正在研究和开发的一项电池管理系统的关键技术。

二、动力电池管理系统的组成

动力电池管理系统主要由温度管理子系统、电池组管理子系统和线路管理子系统组成,如图3-3-2所示。

电池组管理子系统主要承担动力电池的全面管理,一方面显示动力电池的状态并在出现故障时及时报警,使驾驶人随时都能掌握动力电池的情况;另一方面要对人身和车辆进行安全保护,避免因电池引起的各种事故。

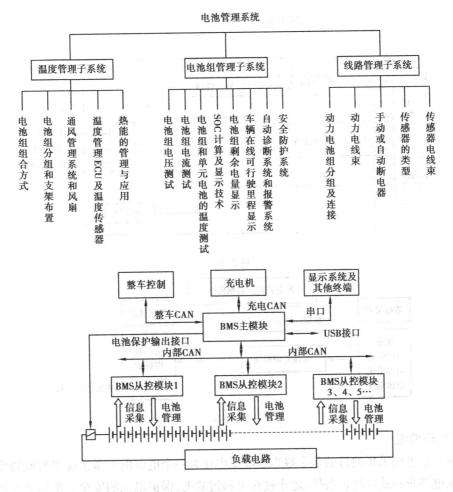

图 3-3-2

三、动力电池管理系统的主要功能

动力电池管理系统的主要功能包括数据采集、电池状态估算、能量管理、电池热管理系统、安全管理、通信管理等,如图 3-3-3 所示。

1. 数据采集

数据采集是动力电池管理系统所有功能的基础,需要采集的数据信息有电池组的电压、电流、温度等,如图 3-3-4 所示。动力电池管理系统的所有算法均以采集的动力电池数据作为输入,采集速率、精度和前置滤波特性是影响电池系统性能的重要指标。电动汽车电池管理系统的采样速率一般要求大于 200 Hz(50 ms)。目前,数据采集系统有 3 种拓扑结构,即分布式、集中控制式和主从控制式。

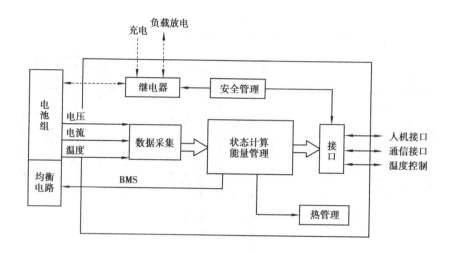

图 3-3-3

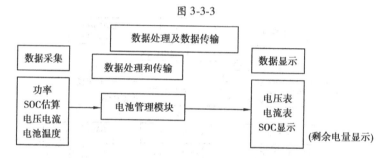

图 3-3-4

（1）电压监测

单体电池电压采集的目的是了解当前电池中任意一个电池的电压情况来判断每个单体电池的充电终止和放电终止条件，防止过充电和过放电，保护电池的安全。单体电池电压采集信息量较大，大部分电动汽车采用电池模块电压来实现对电池模块和单体电池的监测。常见的电压采集法有继电器阵列法、恒流源法、隔离运放采集法、压/频转换电路采集法、线性光耦合放大电路采集法，如图 3-3-5 所示。

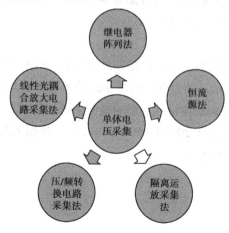

图 3-3-5

（2）温度监测

目前,动力电池都是由众多的单体电池通过组装而成,在充放电过程中单体电池会产生热量,局部会造成热量累积,造成各处温度不均匀,影响单体电池的一致性,从而降低电池充电循环效率,影响电池的功率和能量发挥,严重时还将导致热失控,影响系统的安全性和可靠性。同时,电池在充放电过程中如果温度过低,会导致电池的容量降低、车辆行驶里程缩短等。为了使电池组发挥最佳的性能和寿命,需要对电池进行热管理,将电池包温度控制在合理的范围内。常见的温度采集方法有热敏电阻采集法、热电偶采集法、集成温度传感器采集法,如图3-3-6所示。

（3）电流监测

几乎所有的BMS都具备电流测量功能,BMS将测量到的电流传递给主控制器,形成闭环反馈控制,一方面可以准确控制充电过程中充电机的输出电流,实现既定充电策略;另一方面控制负载放电电流,保护电池放电过程中的安全。BMS对电流测量的精度要求很高,许多BMS的剩余电量估算基于电流计算,高精度的电流测量才能保障高精度的SOC计算。常见的电流检测方式有分流器检测、互感器检测、霍尔元件电流传感器检测和光纤传感器检测,如图3-3-7所示。

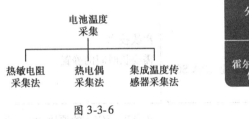

图 3-3-6

图 3-3-7

（4）绝缘监测

动力电池是电动汽车的动力来源。车辆使用环境恶劣,随着电池的使用、电池组自身或电池组之间的连接线老化等多种原因,会导致电池组和车辆底盘之间的绝缘出现问题。电动汽车动力电池系统电压常用的有288 V、336 V、384 V、544 V等,大大超过了人体可以承受的安全电压。电气绝缘性能是电安全管理重要的内容,绝缘性能的好坏不仅关系电气设备和系统能否正常工作,还关系人的生命财产安全。常见的绝缘监测方法有平衡桥式检测、直流检测和交流检测3种。

2.电池状态估算

电池状态估算包括SOC估计和SOH(电池组健康状态)估计,SOC提供电池剩余电量的信息,是计算和估算汽车续使里程的基础。同时,SOC是防止动力电池过充电和过放电的主要依据,只有准确估算电池组的SOC才能有效提高动力电池组的利用效率,保证动力电池的使用寿命,提高整车性能,提高经济性。SOH提供电池健康状态的信息,目前的动力电池管理系统实现了SOC估算功能,SOH估算技术尚不成熟。

SOC估算常用的算法:

①开路电压法:是最简单的测量方法,主要根据电池组开路电压判断SOC的大小。

②电流积分法(库仑计数法):是通过对单位时间内,流入流出电池组的电流进行累积,从而获得电池组每一轮放电能够放出的电量,确定电池 SOC 的变化。

③模糊逻辑方法和神经网络法:模糊逻辑推理和神经网络是人工智能领域的两个分支,模糊逻辑接近人的形象思维方式,擅长定性分析和推理,具有较强的自然语言处理能力;神经网络采用分布式存储信息,具有很好的自组织、自学习能力。

④支持向量机法:展示了优于神经网络法的优势,包括不需要去选择神经元的数量,不需要识别神经元的网络拓扑和较少的拟合过程。此外,神经网络法和支持向量机法只在恒定电流下才会有一个很好的结果。在动态的情况下,估算出的结果比较差,甚至误差在不可接受的范围内。

⑤卡尔曼滤波法:卡尔曼滤波理论的核心思想是对动力系统的状态作出最小方差意义上的最优估算。卡尔曼滤波法应用于电池 SOC 估算,电池称动力系统,SOC 是系统的一个内部状态。

几种 SOC 估算方法对比见表 3-3-1。

表 3-3-1

方　法	优　势	局　限
开路电压法 (OCV)	简单 成本效益 独立的电池模型 只在初始和结束阶段下,是估算 SOC 的有效方法	离线技术 需要长时间的静置
库仑计数法 (Coulomb Counting)	简单 成本效益 独立的电池模型	积分项(SOC)的原因,会一直累积小的误差 精度取决于电池的自放电率、电池寿命和传感器的精度
神经网络法 (Neural Network)	更高精度 温度因素作为其中一个输入项	高计算成本 费时间 训练过程需要大量的数据集 只有恒流输入才会有更好的输出
模糊逻辑法 (Fuzzy Logic)	更高的精度	高计算成本 需要清晰的定义模糊规则 基于电池的静态特性(尤其不适用于储能系统) 电池老化因素未考虑
支持向量机法 (SVM)	更高的精度 相比于神经网络法,训练数据集会小一点儿	已获得的训练数据应该包含期望的运算范围

续表

方　法	优　势	局　限
卡尔曼滤波法（KF、UKF、EKF）	独立的初始化SOCO 更高的精度 考虑了噪声的影响	高计算成本 高复杂度 依靠传感器精度和电池模型 复杂的矩阵运算引起数值的不稳定性

影响SOC估算精度的因素如图3-3-8所示。

3. 能量管理

电池的能量管理包括电池的充电控制管理、电池的放电控制管理以及电池的均衡控制管理。其作用是利用从电动汽车各子系统采集运行的数据,控制完成电池的充放电、显示电池荷电状态、预测剩余行驶里程、检测电池的状态、调节电池内部温度、调节车灯亮度以及回收再生制动能量为蓄电池充电等,实时进行优化控制,如图3-3-9所示。

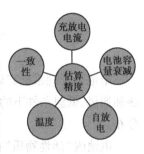

图 3-3-8

4. 电池热管理系统

电池热管理系统是指根据热管理控制策略进行工作,以使电池组处于最优工作温度范围。电池发热和在热环境工作时,电池性能受到较大的影响,会导致电池容量衰减,电池老化加速,电池寿命缩短,甚至引起燃烧或爆炸。在电池工作温度超过正常工作温度时,对其管理控制,进行冷却,如图3-3-10所示。

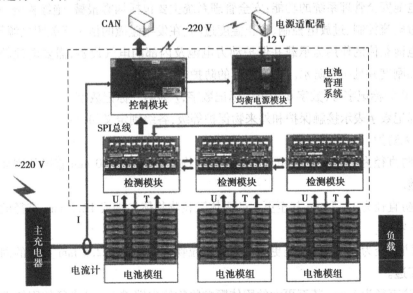

图 3-3-9

在电池温度低于适宜的工作温度时,对其进行加热,使电池始终处于适宜的工作温度范围,并在电池组工作过程中总是保持电池单体间温度均衡,充分发挥电池的性能。对大功率放电和高温条件下使用动力电池,热管理尤为重要。

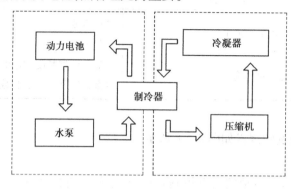

图 3-3-10

电池热管理系统有以下功能:电池温度的准确测量和监控、电池组温度过高时的有效散热和通风、低温条件下的快速加热、有害气体产生时的有效通风及保证电池组温度场的均匀分布。

电池内"活性物质"在电池充电和放电时,在电化学反应的氧化过程中会产生热量,热量对电池的性能有较大的影响。一般动力电池采用空气冷却或水冷却,保证电池正常工作。

5. 安全管理

安全管理主要用于监控电池电压、电流、温度等是否超过正常范围,防止电池组过充电、过放电。目前,在对电池组进行整组监控的同时,多数电池管理系统已经发展到对极端单体电池进行过充电、过放电、温度过高等安全状态管理。

动力电池安全管理系统的功能:安全管理系统主要包括烟雾报警、绝缘检测、自动灭火、过电压和过电流控制、过放电控制、防止温度过高、在发生碰撞的情况下关闭电源等功能。

动力电池箱体的作用为承载并保护动力电池及内部的电气设备,需要电池箱体具有较高的强度和刚度并且防尘防水。电池箱体的防护等级为 IP67。

其中,IP 为标记字母,数字 6 为第一标记数字,7 为第二标记数字。

第一标记数字表示接触保护和外来物保护等级,各级别定义如下:

0——无防护。

1——防直径为 50 mm 甚至更大的固体颗粒物物体尖端或 50 mm 直径的固体颗粒物不能完全穿透。

2——防直径为 12.5 mm 甚至更大的固体颗粒物物体尖端或 12.5 mm 直径的固体颗粒物不能完全穿透。

3——防直径为 2.5 mm 甚至更大的固体颗粒物物体尖端或 2.5 mm 直径的固体颗粒物不能完全穿透。

4——防直径为 1 mm 甚至更大的固体颗粒物物体尖端或 1 mm 直径的固体颗粒物不能完全穿透。

5——灰尘防护:并不能完全防止尘埃进入,但不会达到妨碍仪器正常运转及降低安全性的程度。

6——灰尘禁锢：尘埃无法进入物体，整个直径不能超过外壳的空隙。

第二标记数字表示防水保护等级，各等级的含义如下：

0——无防护。

1——防垂直下坠的水滴：垂直下坠的水滴不会造成有害影响。

2——当外壳翘起可达15°时防垂直下坠的水滴：当外壳在任何一垂直侧以任何角度翘起不超过15°时，垂直下坠的水滴不会造成有害影响。

3——防水雾：在任何一垂直侧以任何不超过60°的角度喷雾不会造成有害影响。

4——防泼水：对着外壳从任何方向泼水都不会造成有害影响。

5——防喷水：对着外壳从任何方向喷水都不会造成有害影响。

6——防强力喷水：对着外壳从任何方向强力喷水都不会造成有害影响。

7——防短时浸泡：常温常压下，当外壳暂时浸泡在1 m深的水里将不会造成有害影响。

8——防持续浸泡：在厂家和用户都同意，但是条件比较严酷的条件下，持续浸泡在水里将不会造成有害影响。

6．通信管理

通过电池管理系统实现电池参数和信息与车载设备或非车载设备的通信，为充放电控制、整车控制提供数据依据是电池管理系统的重要功能之一。根据应用需要，数据交换可采用不同的通信接口，如模拟信号、PWM信号、CAN总线或I2C串行接口。

7．均衡控制

电池的一致性差异导致电池组的工作状态由最差单体电池的状态决定，在电池组各个电池之间设置均衡电路，实施均衡控制是为了使各单体电池充放电工作情况尽量一致，提高整体电池组的工作性能。

8．漏电管理

电池组的漏电检测由漏电检测传感器来检测电池组与车身间的漏电电流。

9．人机接口

根据实际需要设置显示信息以及控制按钮等。

10．电磁兼容

电动汽车面临复杂电磁环境，要求BMS必须具有良好的抗电磁干扰能力，同时要求BMS对外辐射小。

任务检测

一、填空题

1．电池管理系统由_____、_____、_____3个子系统组成。

2．动力电池的监测功能主要是对电池组内的_____、_____、_____进行监测。

3．电池状态主要包括_____、_____两个方面。

4．热管理系统主要用于电池温度高于适宜工作温度上限时对电池进行_____，低于适宜工作温度下限时进行_____。

5.电池组的工作状态是由组内_____决定的。

二、选择题

1.能量计算功能要求控制 SOC 在(   )范围内。

    A.30%～70%   B.20%～80%   C.20%～90%   D.10%～90%

2.汽车启动时的工作模式为(   )。

    A.纯油模式   B.纯电模式   C.混动模式   D.以上都有

3.(   )是影响电池系统性能的重要指标。

    A.采样速率   B.精度   C.前置滤波特性   D 以上都要

4.动力电池管理系统的主要功能有(   )。(多选)

    A.采集数据   B.电池能量管理   C.热管理   D.电池状态估算

5.汽车工作有(   )。(多选)

    A.纯电模式   B.纯油模式   C.混动模式   D.充电模式

三、选择题

1.电池管理系统的所有算法均以采集的动力电池数据作为输入。   (   )

2.SOH 用来表示电池技术状态,预计可使用寿命等健康状态参数。   (   )

3.SOC 是用来提示动力电池组剩余电量,是计算和估算汽车续使里程的基础。   (   )

4.电池的一致性差异不会影响电池组的性能。   (   )

5.电池组系统需要对每个单体电池的电流、电压、温度等进行监测。   (   )

四、简答题

1.什么是电池管理系统的均衡控制?

2.热管理系统的主要功能有哪些?

3.汽车在全速行驶(爬陡坡、超车)的状况下是如何工作的?

4.电池组管理系统的主要功能有哪些?

5.什么是电池管理系统的控制功能?

项目4 | 电机及传动系统的结构认识

电机及传动系统是新能源汽车车辆行驶中的主要执行结构,是新能源汽车的核心部件(电池、电机、电控)之一,其驱动特性决定了汽车行驶的主要性能指标。电动汽车中的燃料电池汽车 FCV、混合动力汽车 HEV 和纯电动汽车 EV 三大类都要用电机来驱动车轮行驶,选择合适的电机是提高各类电动汽车性价比的重要因素。

[学习目标]

1. 能阐述电机的作用。
2. 能描述电机的种类及特点。
3. 能阐述传动系统的组成及功用。
4. 能阐述电机管理系统。

[相关知识]

/ 任务 1 / 电机的认知

一、电机的概述

电机是新能源汽车核心技术"三电"即电池、电机、电控之一,也是车辆行驶中的主要执行机构,为电动汽车的行驶提供主要动力来源。新能源汽车具有环保、节约、简单三大优势,在纯电动汽车上体现尤为明显:以电动机代替燃油机,由电机驱动而无须自动变速箱,相对于自动变速箱,电机结构简单、技术成熟、运行可靠。目前,新能源汽车常用的电机主要有交流异步电机和永磁同步电机,其结构如图 4-1-1 所示。

二、电机及驱动系统

电机系统是车辆行驶的主要执行机构,其特性决定了车辆的主要性能指标,直接影响车辆动力性、经济性和用户驾乘感受,是纯电动汽车中十分重要的部件。它主要由电机(DM)、电机控制器(MCU)构成,通过高低压线束、冷却管路,与整车其他系统作电气和散热连接,如图4-1-2所示。

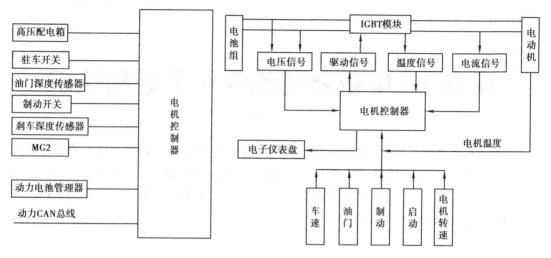

图 4-1-1

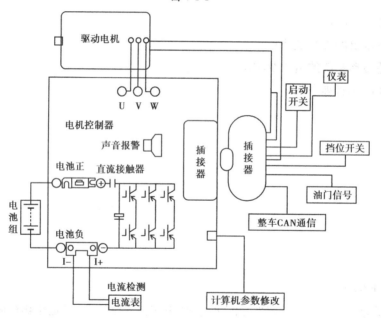

图 4-1-2

电机控制器通过 U、V、W 三相动力线给电机供电,电机通过信号线将电机转子位置信号及定子温度信号传给电机控制器。电机控制器的电力来自动力电池,其通过 CAN 总线获知车辆当前的驾驶意图,根据电机当前的状态,向电机输出电力使其运转。因为电机及控制器在工作过程中会发热,影响其正常工作,所以加装了冷却系统,由电动水泵驱动,使冷却液在电机控制器与电机中循环冷却,再将热量带到散热器散发到大气中,如图4-1-3所示。

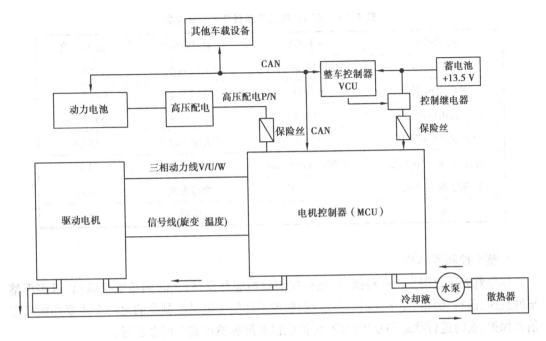

图 4-1-3

1. 电机控制器（MCU）

电机控制器实现功率的变换,输出特定的电压和电流调节电机的运行产生转矩和转速,在能量转换过程中存在电能、机械能、磁场能的消耗,从而影响能量的转化效率,一般电机的能量转化效率高于其他设备的能量转化效率,如图4-1-4所示。

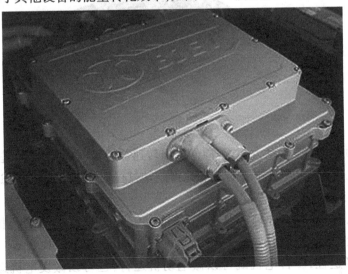

图 4-1-4

EC180 驱动电机控制器技术指标参数见表4-1-1。

表 4-1-1 EC180 电机控制器技术指标参数

技术指标	技术参数	技术指标	技术参数
电机类型	三相异步电机	直流输入电压	108 V
工作电压范围	80～135 V	峰值扭矩	140 N·m
最大输出电流(AC)	500 A	额定扭矩	65 N·m
额定输出电流(AC)	129 A	最大输出功率	55 kW
转速、转矩控制精度	≤5%、500 r/min	防护等级	IP67
控制电源电压范围	9～16 V	冷却方式	风冷
效率	98%	质量	55 kg

2. 整车控制器(VCU)

根据驾驶员意图发出各种指令,电机控制器响应并反馈,实时调整电机输出,以实现整车的怠速、前行、倒车、停车、能量回收以及驻坡等功能。电机控制器的另一个重要功能是通信和保护,实时进行状态和故障检测,保护电机系统和整车安全可靠运行。

3. 驱动电机(DM)

电动汽车是新能源汽车的一种,是指由车载电源提供全部或部分动力,用电动机驱动车轮行驶,符合道路交通、安全法规等各项要求的汽车。电动汽车电机是指应用于电动汽车上的电机。驱动车轮运动的电机称为驱动电机,如图 4-1-5 所示。

图 4-1-5

电机是电动汽车的唯一动力源,可向外输出转速与转矩,驱动汽车前进和后退,还可以作为发电机发电(如在高坡下滑、高速滑行以及制动过程中把势能或者动能通过电机转化电能),如图 4-1-6 所示。

电机是指依据电磁感应原理实现电能的产生、传输和使用的能量转换机械。按功能分电机可以分为发电机、电动机,如图 4-1-7 所示。

电机具有可逆性,一台电机既可以做电动机运行,也可以做发电机运行,如图 4-1-8 所示。

图 4-1-6

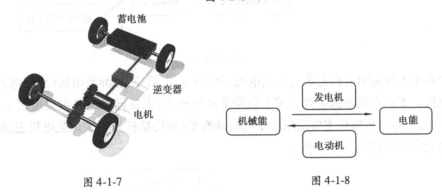

图 4-1-7

图 4-1-8

当电能转化为机械能时,电机表现出电动机的工作特性;当机械能转化为电能时,电机表现出发电机的工作特性。

变压器也称逆变器,其功能是改变交流电压的大小,也就是将一种电压等级的交流电转为同频率另外一种电压等级的交流电。

三、电机的类型

1. 按运动形式分类

电机按运动形式可分为静止电机和运动电机,变压器为静止电机。运动电机又可分为直线电机和旋转电机,如图 4-1-9 所示。

2. 按工作电源种类分类

电机按工作电源种类可分为直流电机和交流电机。直流电机按结构及工作原理可分为无刷直流电机和有刷直流电机。有刷直流电机可分为永磁直流电机和励磁直流电机。励磁直流电机又可分为串励直流电机、并励直流电机、他励直流电机和复励直流电机。交流电机可分为同步电机和异步电

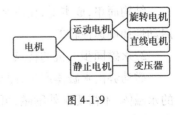

图 4-1-9

机。同步电机可划分为永磁同步电机、励磁同步电机。异步电机可划分为三相异步电机、单相异步电机。三相异步电机可划分为笼型异步电机和绕线型异步电机。如图 4-1-10 所示。

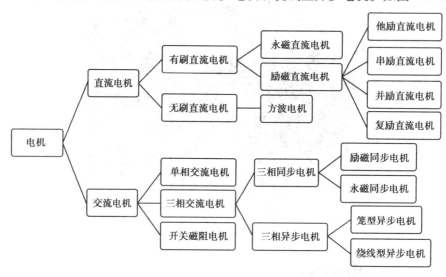

图 4-1-10

电动汽车上使用的电机有无刷直流电机、永磁同步电机、三相异步电机(感应电机)和开关磁阻电机。无刷直流电机主要应用于微型低速电动车,永磁同步电机主要应用于绝大多数电动汽车,三相异步电机主要应用于个别电动汽车(如特斯拉),开关磁阻电机主要应用于部分电动大客车,如图 4-1-11 所示。

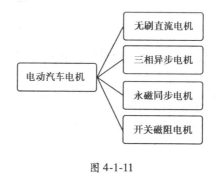

图 4-1-11

四、电机的特点

1. 异步电机的特点

结构简单,成本低,比较坚固,容易做成高转速、高电压、大电流、大容量的电机,但是其启动性和调速性较差。

2. 永磁同步电机的特点

磁动势由永磁体产生,磁动势、电压和电流的波形均为正弦波形。转子为使用稀土材料的永磁体,不需要额外励磁,可节省动力电池的电力。具有结构简单、体积小、质量轻、损耗小、效率高、功率因数高等优点,主要用于要求响应快速、调速范围宽、定位准确的高性能伺服传动系统和直流电机的更新替代电机,但控制较复杂,价格较高。

3.无刷直流电机的特点

响应快速、起动转矩较大。外特性好,符合电动车的负载特性,调速范围大,电机效率较高,再生制动效果好,控制简单。但是电机体积较大,质量较重,电机结构复杂。

4.开关磁阻电机的特点

结构简单,电机上没有滑环、绕组和永磁体。仅在定子上有简单的集中绕组,绕组的端部较短,没有相间跨接线,维护修理容易。转速较高,效率比异步电机高。转子无永磁体,可允许较高温升。但是电机的振动和噪声很大。

五、电机性能要求

电机是电动汽车传动系统的核心部件,其性能直接影响电动汽车传动系统的性能,电动汽车对电机性能要求主要包括以下 **6** 个方面:

①效率高、功率密度大。电机采用高磁能稀土材料,大大提高了气隙磁通密度和能量转换的效率,主要是为了在尽量小的车内空间限制、电池电量下,提高续航里程,如图 4-1-12 所示。

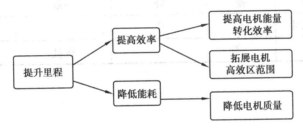

图 4-1-12

②高安全性、舒适性。为了满足驾驶舒适性的要求,要求电机低噪声,低振动,电机的稳定工作和抗震、散热性能佳,如图 4-1-13 所示。

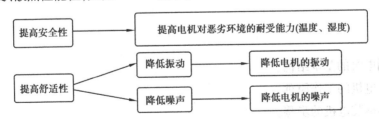

图 4-1-13

③轻量化,即电机体积小,满足整车轻量化的要求。

④过载能力强。在启动、加速、爬坡工况下,要求电机具有 4~5 倍的过载能力。

⑤调速的范围宽。转子无须励磁,电机可以在很低的转速下保持同步运行。新能源汽车有两类工况场景:在启动、加速、爬坡时,要求工作在恒转矩区间;在高速行驶时,要求电机工作在恒功率区间,如图 4-1-14 所示。

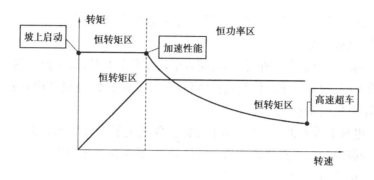

图 4-1-14

电机基本性能对比见表 4-1-2。

表 4-1-2

项　目	直流电机	三相异步电机	永磁同步电机	开关磁阻电机
功率密度	低	中	高	较高
电机质量	大	中	小	小
结构坚固性	差	好	一般	优良
电机的外形尺寸	大	中	小	小
可靠性	一般	好	优良	好

/ 任务 2 / 电机的结构

[学习目标]

1. 能识别电机的基本结构。
2. 能阐述电机的工作原理。
3. 会阐述拆装电机的步骤。

[相关知识]

一、感应电机

感应电机又称为三相交流异步电机,如图 4-2-1 所示。它利用电磁感应的工作原理,即转子置于旋转磁场中,在旋转磁场的作用下,获得一个转动力矩,使转子转动。转子是可转动的导体,通常多呈鼠笼状,感应电机的笼型导体是将棒状的导体排布在圆周上,在端部通过圆环短路。

图 4-2-1

1. 感应电机的基本结构

感应电机的基本结构与无刷直流电机的结构比较类似,由转子总成和定子两大部分组成,在定子和转子之间存在 0.25~2 mm 的间隙,定子是电机的静止部分,由机座、定子铁芯和定子绕组 3 个部分组成;转子是电机的旋转部分,由转子铁芯、转子绕组和转轴等组成。其基本结构如图 4-2-2 所示。

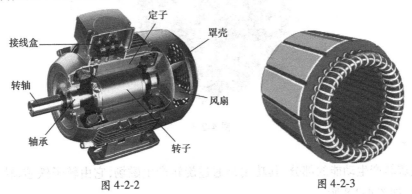

图 4-2-2

图 4-2-3

(1)定子

定子也称电枢,是静止不动的部分,其功用是产生感应电动势,主要由定子铁芯和定子绕组构成,如图 4-2-3 所示。

①定子铁芯:定子铁芯是电机磁路的一部分,其上放置定子绕组。一般由厚度 0.35~0.5 mm 的硅钢片叠压而成。硅钢片的内圆冲有均匀分布的槽,可以安放定子绕组,结构如图 4-2-4 所示。

②定子绕组:定子绕组是电机的电路部分,通入三相交流电,产生旋转磁场。它由 3 个

图 4-2-4

在空间互隔120°、绕组由 U、V、W 三组构成相分布绕组,对称排列、结构完全相同的绕组连接而成,其结构如图4-2-5所示。定子绕组的频率相同、幅值相等、相位互差120°。三相定子绕组的接法有星形(Y)接法和三角形(△)接法两种,如图4-2-6所示。

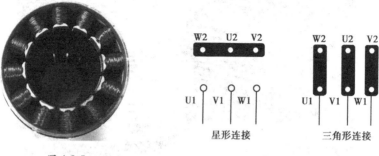

图 4-2-5　　　　　　　　　　　图 4-2-6

③机座:一般由铁或铝铸造而成,它的作用是固定定子铁芯和定子绕组,并以两个端盖支撑转子,同时起保护整台电动机的电磁部分和散发电机运行中产生的热量,为了增强散热性,在外表面加有散热筋,其结构如图4-2-7所示。

图 4-2-7

(2)转子

转子是旋转产生动能的部分,其功用是通过旋转产生磁场,它由转子铁芯、转子绕组以及转轴组成,如图4-2-8所示。

图 4-2-8

①转子铁芯:由硅钢片叠压而成,嵌套在转轴上,作用与定子铁芯相同,也是磁路的一部分,即铁芯本身用作导磁,外圆上均布的槽用于安放转子绕组,如图4-2-9所示。

图 4-2-9

②转子绕组：形成闭合回路的短路线圈，不需要外接电源供电，作为切割定子磁场，产生感应电动势和电流，并在旋转磁场的作用下受力使转子转动。根据构造的不同转子绕组可分为绕线式转子绕组和鼠笼式转子绕组两种类型。

绕线式转子绕组：绕线式转子绕组和定子绕组一样做成三相对称绕组，经过适当的排列和组合，嵌入并固定在转子铁芯槽内，使三组绕圈接成星形连接，3 个引出线分别接到固定的转轴上的 3 个铜滑环上。在各个环上，分别放置着固定不动的电刷，通过电刷与滑环的接触，使转子绕组与外加变阻器接通，启动电机，如图 4-2-10 所示。

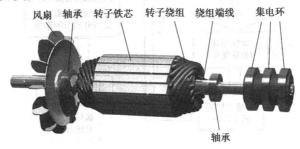

图 4-2-10

鼠笼式转子绕组：如果将定子铁芯去掉，转子绕组的形状如鼠笼，称为笼型转子。中、小型鼠笼式电机的转子一般都采用铸铝转子，采用压力浇铸或离心浇铸的方法将转子槽中的导体、短路环以及端部的风扇铸造在起，与转子铁芯形成一个整体，如图 4-2-11 所示。

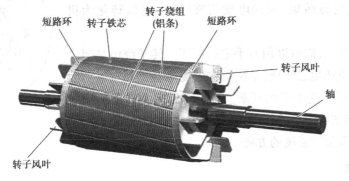

图 4-2-11

鼠笼式转子绕组的优点是结构简单、价格较低，运行安全可靠、使用方便等。它的结构是转子铁芯的槽沟内插入铜条，在铜条两端焊接两个铜环，如图 4-2-12 所示。

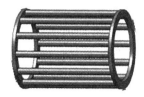

图 4-2-12

三相鼠笼式异步电机的功率容量覆盖面很广,从零点几瓦到几千瓦。它可以采用空气冷却或液体冷却方式,冷却自由度高、对环境的适应性好,并且能够实现再生制动。

③转轴:用以传递转矩及支撑转子的质量。一般由中碳钢或合金钢制成。

2. 基本原理

①旋转磁场的产生。当对称三相绕组通过对称三相交流电源时,三相定子绕组流过三相对称电流产生的三相磁动势(定子旋转磁动势)并产生旋转磁场,磁场线切割转子绕组,根据电磁感应原理,转子绕组形成的旋转磁场与转子绕组中感应电流的磁场相互作用使转子绕组中产生感应电动势和感应电流,转子绕组在磁场中受到电磁力的作用,即产生电磁转矩,使转子旋转起来,转子输出机械能量,带动机械负载旋转起来,其原理如图 4-2-13 所示。

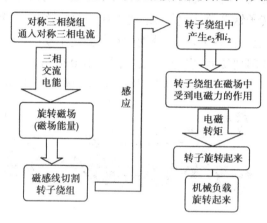

图 4-2-13

②电生磁。三相对称绕组通入三相对称电流产生圆形旋转磁场,如图 4-2-14 所示。

③磁生电。旋转磁场切割转子导体感应电动势和电流。

④电磁力。转子载流(有功分量电流)体在磁场作用下受电磁力作用,形成电磁转矩,驱动电动机旋转,将电能转化为机械能。

感应电动势的方向可以用右手定则判断。转子绕组是闭合的,会有感应电流产生,此时转子绕组在磁场中会受到电磁力的作用,力的方向可由左手定则判断。转子绕组闭合回路两边受到两个相反方向的电磁力的作用,会产生电磁转矩,使转子绕组转动,转动方向和旋转磁场的方向一致。

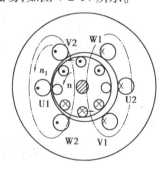

图 4-2-14

3. 异步原理

电机转子转动方向与磁场旋转的方向相同,但转子的转速 n 不可能达到与旋转磁场的转速 n_1 相等,否则转子与旋转磁场之间就没有相对运动,磁力线就不切割转子导体,转子电动势、转子电流以及转矩就不存在了。由于旋转磁场与转子之间存在转速差,因此又把这种电机称为异步电机,又因这种电机的转动原理是建立在电磁感应基础上的,故称为感应电机。

旋转磁场的转速 n_0 常称为同步转速。转差率 S 用来表示转子转速 n 与磁场转速 n_0 相差的程度的物理量,即

$$S = \frac{n_0 - n}{n_0} \times 100\%$$

转速是指感应电机旋转磁场的转速 n_1 与电动机磁极对数 p 有关,旋转磁场的转速 n_1 取决于电流频率 f 和磁场的极数 p。当三相输入的电角度改变 $60°$ 时,定子旋转磁场仅旋转 $30°$,为 $p=1$ 时的一半,有

$$n = n_1(1 - S) = \frac{60f_1}{p}(1 - S)$$

启动时: $n=0, S=1$。
理想空载时: $n=n_1, S=0$。
正常运行时: $0<n<n_1, 1>S>0$。
额定运行时: $S_n = 0.01 \sim 0.09$。

4. 电机速度、转向和驱动与制动状态的控制

(1)电机转速调节

电机转速调节方式有变极调速、变频调速、变转差率调速 3 种,但改变通入定子三相绕组中的三相交流电的频率可以改变旋转磁场的旋转速度,从而改变电机的转速,实现变频调速是较为实用的技术。

(2)电机转向调节

电机转向调节可以改变通入定子三相绕组中的三相交流电的相序,可以改变旋转磁场的旋转方向,从而改变电机的转向。

(3)电机运行状态控制

当 $0<n<n_1, 1>S>0$ 时,电机处于电动机运行状态,为驱动状态。当转子转速增加 n,或降低同步转速 $n_1, n>n_1, S<0$ 时,电机处于发电机运行状态,为再生制动状态。

二、永磁同步电机

永磁同步电机是由永磁体励磁产生同步旋转磁场的同步电机。永磁体作为转子产生旋转磁场,三相定子绕组在旋转磁场作用下通过电枢反应,感应三相对称电流,如图4-2-15所示。

当转子动能转化为电能,永磁同步电机作发电机用。当定子侧通入三相对称电流,三相定子在空间位置上相差120,三相定子电流在空间中产生旋转磁场,转子在旋转磁场中受到电磁力作用运动,此时电能转化为动能,永磁同步电

图 4-2-15

机作电动机用。

1. 永磁同步电机的基本结构

永磁同步电机是指转子转速与定子旋转磁场的转速同步的电机,如图 4-2-16 所示。它主要是由转子、端盖及定子等部件组成。永磁同步电机的定子结构与普通感应电机的定子结构非常相似,转子结构与异步电机的最大不同是在转子上放有高质量的永磁体磁极,根据在转子上安放永磁体的位置的不同,永磁同步电机通常分为表面式转子结构和内置式转子结构。

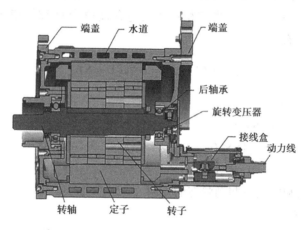

图 4-2-16

(1)定子

定子由叠片叠压而成,以减少电机运行时产生的铁耗,其中装有三相交流绕组,称为电枢,如图 4-2-17 所示。

图 4-2-17

(2)转子

转子由叠片压制而成,其上装有永磁体材料。根据电机转子上永磁材料所处位置的不同,永磁同步电机的转子可分为突出式(凸装式)转子和内置式(嵌入式)转子,如图 4-2-18 所示。

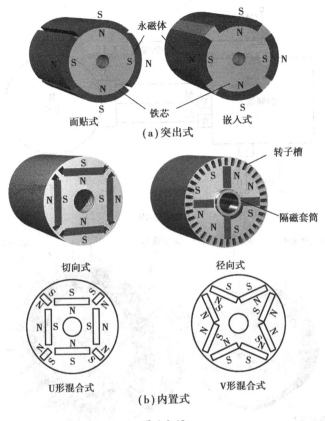

图 4-2-18

突出式转子的磁路结构简单,制造成本低,但其表面无法安装启动绕组,不能实现异步启动。内置式转子的磁路结构主要有径向式、切向式和 U 形混合式、V 形混合式 4 种,它们的区别主要在于永磁体磁化方向与转子旋转方向关系的不同。永磁体置于转子内部,转子表面可制成极靴,极靴内置入铜条或铸铝等便可起到启动和阻尼的作用,稳态和动态性能都较好。内置式转子磁路不对称,会在运行中产生磁阻转矩,有助于提高电机本身的功率密度和过载能力,这样的结构更易于实现弱磁扩速。

2. 永磁同步电机的工作原理

在永磁同步电机系统中,电机的输出动作主要靠控制单元给定命令执行,即控制器输出命令,控制器主要将输入的直流电逆变成电压、频率可调的三相交流电供给配套的三相交流永磁同步电机使用。电机控制器输出频率和幅值可变的 U、V、W 三相交流电给电机形成旋转磁场,电机通过位置传感器将电机转子当前位置发送给电机控制器,以供电机控制器进行参考控制,如图 4-2-19 所示。

当永磁同步电机定子绕组接三相交流电源,流入对称三相交流电流后,在气隙中产生旋转磁场,以同步转速旋转,永磁同步电机转子铁芯中鼠笼式启动绕组切割旋转磁场的磁力线,产生感应电动势和感应电流,旋转磁场与转子上的永久磁钢相互吸引,把转子拉入同步运行,转子也以同步转速带动负载转动,如图 4-2-20 所示。

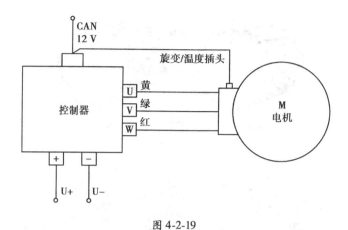

图 4-2-19

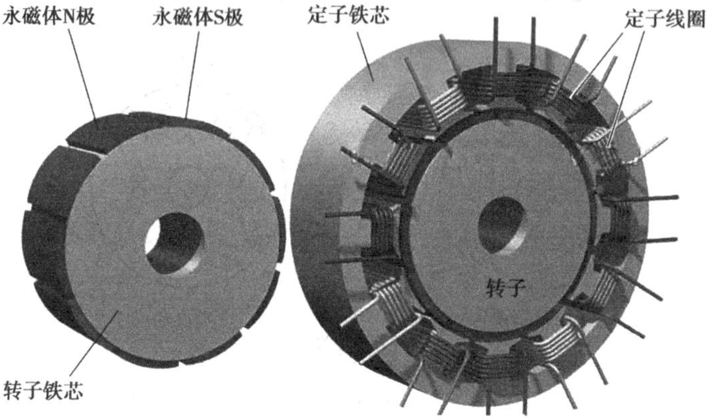

图 4-2-20

3.永磁同步电机的控制

（1）电机转速调节

通过改变通入定子三相绕组中的三相交流电的频率,可以改变旋转磁场的旋转速度,从而改变电机的转速,转速调节又称为变频调速。

（2）电机转向调节

通过改变通入定子三相绕组中的三相交流电的相序,可以改变旋转磁场的旋转方向,从而改变电机的转向。

（3）电机运行状态控制

①电动机状态:定子旋转磁场超前转子磁场——驱动状态。

②发电机状态:定子旋转磁场滞后转子磁场——再生制动状态。

三、开关磁阻电机(SRM)

开关磁阻电机是继直流电机、无刷直流电机之后发展起来的一种新型调速电机类型,如图 4-2-21 所示。其功率范围从 10 W 到 5 MW,最大速度高达 100 000 r/min。它的结构简单坚固,调速范围宽,系统可靠性高,广泛应用于家用电器、航空、航天、电子、机械及电动车辆等领域。

1. 调速系统

调速系统主要由开关磁阻电机、功率变换器、控制器、转子位置检测器4个部分组成,控制器内包含控制电路与功率变换器,而转子位置检测器则安装在电机的一端,电机与国产Y系列感应电机同功率、同机座号、同外形,如图4-2-22所示。

图 4-2-21

2. 基本结构

定子和转子均为凸极结构,定子和转子的齿数不等,转子齿数一般比定子少两个,定子齿上套有集中线圈,两个空间位置相对的定子齿线圈相串联,形成一相绕组,如图4-2-23所示。转子由铁芯叠片而成,其上无绕组。SRM可以设计成多种不同相数结构,且定、转子的极数有多种不同的搭配。其相数多、步距角小,有利于减少转矩脉动,但结构复杂,且主开关器件多,成本高,现今应用较多的是四相(8/6)结构和六相(12/8)结构。

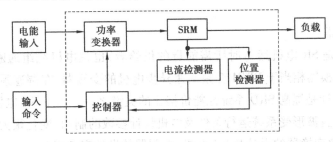

图 4-2-22

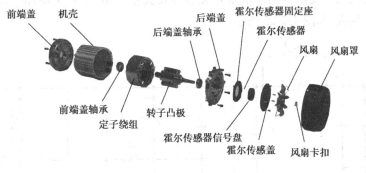

图 4-2-23

3. 工作原理

开关磁阻电机的工作机理与磁阻(反应)式步进电机一样,基于磁通总是沿磁导最大的路径闭合的原理,如图4-2-24所示。

当定、转子齿中心线不重合、磁导不为最大时,磁场就会产生磁拉力,形成磁阻转矩,使转子转到磁导最大的位置。

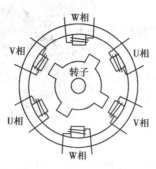
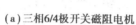
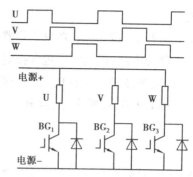

（a）三相6/4极开关磁阻电机　　（b）三相6/4极开关磁阻电机功率变换器

图 4-2-24

当向定子各相绕组中依次通入电流时,电机转子将一步一步地沿着通电相序相反的方向转动。如果改变定子各相的通电次序,电机将改变转向。相电流通流方向的改变不会影响转子的转向。

4.功率变换器

功率变换器是 SR 电机运行时所需能量的供给者,也是电机绕组通断指令的执行者。SR 电机的功率变换器相当于 PWM 变频调速异步电机的变频器,在调速系统中占有重要地位,功率变换器设计是提高 SRD 系统性能价格比的关键之一。由于 SR 电机工作电压、电流波形并非正弦波,且波形受系统运行条件及电机设计参数的制约,变化很大,难以准确预料,因此,SR 电机功率变换器的设计与 SR 电机、控制器的设计密切相关。

SRD 系统的功率变换器主要由主开关器件及其主电路、主开关驱动电路、保护电路、稳压电源电路等组成,如图 4-2-25 所示。

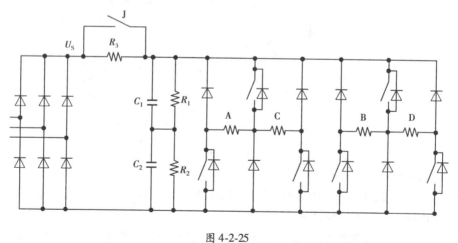

图 4-2-25

/任务 3/　电机控制系统工作原理

电机控制器作为电动汽车的核心部件之一,是汽车动力性能的决定性因素。它从整车控制器获得整车的需求,从动力电池包获得电能,经过自身逆变器的调制,获得控制电机需要的电流和电压,提供给电机,使电机的转速和转矩满足整车的要求。

[学习目标]

1. 能描述电机控制系统的作用。

2. 能阐述电机控制器的基本组成及工作原理。

3. 会对温度传感器进行信号检测以及更换。

4. 会对电机控制器进行更换。

[相关知识]

一、概述

整车控制器(VCU)根据驾驶员意图发出各种指令,电机控制器接收信号作出对应的响应并反馈,实时调控驱动电机的输出,以实现整车的怠速、前行、倒车、停车、能量回收以及驻坡等功能,如图 4-3-1 所示。

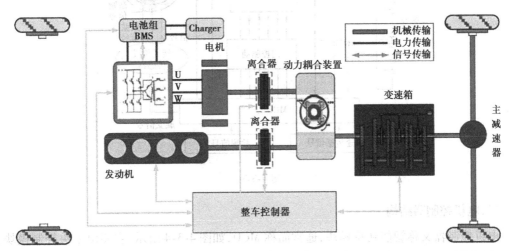

图 4-3-1

电机控制器在汽车上的位置如图 4-3-2 所示。

图 4-3-2

电机控制系统主要由电机控制器、电机、电子换挡操纵装置、加速踏板组成,还包括高压电线、信号线和冷却系统,如图 4-3-3 所示。电机控制器通过控制 U/V/W 三相给电机供电,驱动电机通过信号线将电机位置及定子温度信号传给电机控制器,电机的动力来源于蓄电池通过 CAN 总线获知车辆驾驶意图,根据电机状态向电机输出驱动电力使其旋转,电机控制器在工作过程中会发热,影响电机正常工作,需要安装冷却系统。

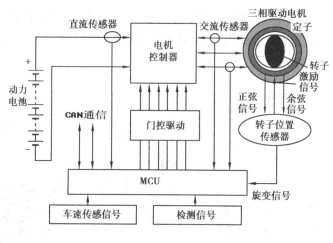

图 4-3-3

二、电机控制器结构

电机控制器又称智能功率模块,通常简称 MCU,如图 4-3-4 所示,主要由中央控制模块、驱动控制模块(IGBT)、各种传感器等构成,是电动汽车的核心控制单元。它通过 CAN 线与 BMS、组合仪表等进行通信数据连接,主要用于管理和控制电机的运转速度、方向以及将电机作为逆变电机发电,其通过硬线直接采集加速/减速信号、制动信号、挡位信号,通过 CAN

总线采集动力电池状态信息,解析驾驶员意图并根据车辆的状态控制电机工作,实现车辆的正常行驶。

图 4-3-4

目前使用在纯电动汽车上的电机管理模块主要有两种类型:一种是仅用于控制电机的,即 MCU;另一种是更具有集成控制功能的电机管理模块,即 MCU 与 DC/DC 转换器功能,这类电机管理模块也称为 PCU,如图 4-3-5 所示。

图 4-3-5

1. 中央控制模块

中央控制模块包括 PWM 波生成电路、复位电路、传感器信号处理电路和交互电路。中央控制模块,对外,通过对外接口,得到整车上其他部件的指令和状态信息;对内,把翻译过的指令传递给逆变器驱动电路,并检测控制效果,如图 4-3-6 所示。

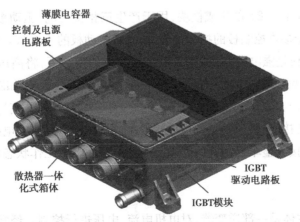

图 4-3-6

电机控制器内部有许多电路板和组件层层叠加。控制板在最上层,安装在屏蔽板上。下层是 IGBT 模块以及驱动模块,驱动模块下方有散热片。最下层是冷却管道,冷却液通过散热片进行散热,其作用是通过冷却液的流动给 IGBT 模块以及驱动板散热。电机水泵驱动冷却液在电机、电机控制器与散热器之间循环流动。

控制板是弱电电路,用于与其他部件互相通信,接收各种传感器信号,经过计算来控制 IGBT 模块输出相应的 U、V、W 三相电,从而控制电机按指令运转。为了减小下部驱动板工作时高频高压的开闭产生的电磁干扰,控制板通过 4 个螺栓安装在屏蔽板上。控制板上有两根低压线束:一根用来将电机旋变信号、温度信号以及电机开盖信号送给控制板,并使控制板与整车控制器通信;另一根连接下部驱动板,用来控制驱动板工作,控制板上有控制板主芯片、旋变信号解码芯片以及电机控制芯片,如图 4-3-7 所示。

图 4-3-7

驱动板上含有 6 个 IGBT 的集成模块,用于产生三相交流电,驱动板上有一根与控制线连接的低压线束用于接收控制板的控制信号,同时将驱动板的工作状态信息传递给控制板。IGBT 模块以及驱动板是强电电路,其作用是在控制板的控制下,将高压盒传输过来的高压直流电逆变成 U、V、W 三相交流电,输出供给电机,使其按指令运转,如图 4-3-8 所示。

高压直流插接件与来自高压盒的高压直流母线相连接,U、V、W 高压插接件与电机控制器的三相高压线相连接,电机控制器低压插接件与电机相连接以接收电机工作状态信息,还与整车控制器连接,接收整车控制器的驱动控制信号并把电机工作状态传送给整车控制器,如图 4-3-9 所示。

2. 逆变器

电机控制器的主体是一部逆变器,对电机电流、电压进行控制。经常选用的功率器件主要有 MOSFET、GTO、IGBT 等。为了提高电机系统的效率,HEV 主要采用交流电机驱动。为了驱动交流电机,从直流电获得交流电力的电力转换装置称为逆变器,如图4-3-10所示。

图 4-3-8

图 4-3-9

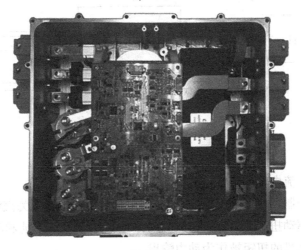

图 4-3-10

DC/AC 逆变器的工作原理如下:

①直流电可以通过振荡电路变为交流电。

②得到的交流电再通过线圈升压(这时得到的是方形波的交流电)。

③对得到的交流电进行整形进而得到正弦波。

从交流电到直流电的转换器,称为整流器或是"充电器(AC/DC)",如图 4-3-11 所示。

图 4-3-11

从某一电压的直流电到另一电压的直流电的转换器,称为"斩波器"或"转换器(DC/DC)"。

3. 电动状态能量传输线路

在电动状态下,为了产生驱动力,整车控制器根据目标扭矩信号要求,电机控制器传送交流电给电机,以驱动车辆运行,如图 4-3-12 所示。

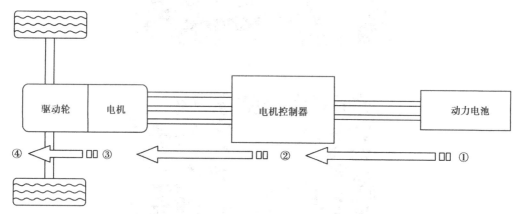

图 4-3-12

①线路为电池直流电输入电机控制器。

②线路为电机控制器依靠功率器件 IGBT 将电池的直流电转换为交流电。

③线路为产生驱动扭矩,来自电机控制器的交流电被转换为磁能和磁场。

④线路为来自电机的扭矩被作为动力输出。

4. 制动能量回收传输路线

在制动能量回收阶段,根据整车控制器通过整车 CAN 发送的再生扭矩请求,电机控制器控制电机作为发电机的功能,由车轮旋转产生的动能转换为电能。制动能量回收状态能量传输线路如图 4-3-13 所示。

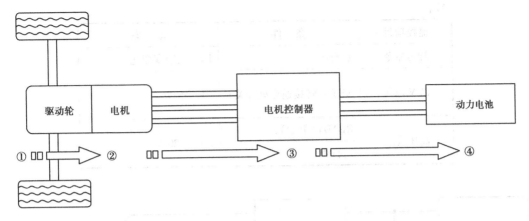

图 4-3-13

①线路为由车轮旋转产生的动能变换成电能。

②线路为电机旋转产生交流电。

③线路为电机控制器依靠功率器件 IGBT 将电机的交流电转换为直流电。

④线路为由电机控制器产生的直流电给电池充电。

三、电机控制器的工作原理

电机控制器控制着电池到电机之间能量的传输,其硬件系统主要由辅助电源电路、控制电路、驱动电路、保护电路、IGBT 模块等组成。软件控制是电机控制器的核心,主要采用矢量控制算法控制 PWM 斩波信号输出,依据电机外特性曲线实现转矩限制输出,依据电流及转子位置信号的采样并经滤波处理实现电机正反转和扭矩控制。如图 4-3-14 所示为纯电动汽车电机控制器的控制策略图。

电机控制器的功能见表 4-3-1。

表 4-3-1

监控项目	条　件	状　态
电机温度	READY(静置)	与冷却液温度接近
	运行中	随加减速度变化
电机转速	READY(静置)	0
	运行中	随加减速度变化
开关频率	READY(静置)	10 kHz
	运行中	10 kHz/5 kHz
控制器温度	READY(静置)	与冷却液温度接近
	运行中	随加减速度变化
IGBT 温度	READY(静置)	与冷却液温度接近
	运行中	随加减速度变化

续表

监控项目	条　件	状　态
转矩命令	运行中	随加减速度变化
12 V 电压	KEY ON(接通点火开关)	13 ~ 15 V
高压输入	READY(静置)	220 ~ 420 V
	运行中	

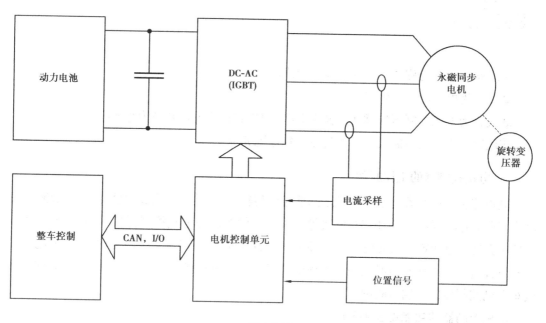

图 4-3-14

控制板对所有的输入信号进行处理,并将电机控制系统运行状态的信息通过 CAN 网络发送给整车控制器,电机控制器内含故障诊断电路,当诊断出异常时,它将激活一个故障码,发送给整车控制器,同时储存该故障码和数据。以下传感器为电机控制器提供电机系统的工作信息:

①电流传感器:用于监测电机工作时的实际电流,包括母线电流、三相交流电流,如图 4-3-15 所示。

②电压传感器:用于监测供给电机控制器工作的实际电压,包括动力电池电压、12 V 蓄电池电压。

③温度传感器:用于检测电机控制系统的工作温度,包括 IGBT 模块温度、电机控制器板载温度。

温度传感器是指能感受温度并转换成可用输出信号的传感器。按测量方式可分为接触式和非接触式两大类,按照传感器材料及电子元件特性分为热电阻和热电偶两类。

图 4-3-15

IGBT 的主要功能在电子电力电路中的基本形式如下：

①交流-直流变换(AC-DC 变换)：整流。

②直流-交流变换(DC-AC 变换)：逆变。

③直流-直流变换(DC-DC 变换)：斩波。

④交流-交流变换(AC-AC 变换)：变频。

IGBT 是一种功率开关电力电子元器件,功率开关器件主要有 3 种,分别是不可控器件(如二极管)、半控型器件(如晶闸管)、全控型器件(如 IGBT)。IGBT 是由集电极 C、极栅 G、发射极 E 三个极组成,在 G、E 间施加一个电压,则在 C、E 间有大电流流过,IGBT 是电压放大电流的器件。ICBT 模块如图 4-3-16 所示。

图 4-3-16

IGBT 驱动板的功能：信号反馈给电机控制器控制主板、检测直流母线电压、直流转换交流以及变频、监测相电流的大小、监测 IGBT 模块温度、三相整流,如图 4-3-17 所示。

IGBT 模块共有 6 个 IGBT,分别为 D1,D2,D3,D4,D5,D6。每个 IGBT 工作过程就像一个晶体管,但它可以开关很大的电压和电流,如图 4-3-18 所示。

当 D1 导通时,来自 DC+的电压通过 D1,D6 同时导通,通过不断地轮流切换 6 个 IGBT可以实现在电机三相端子间产生可控的交流电。

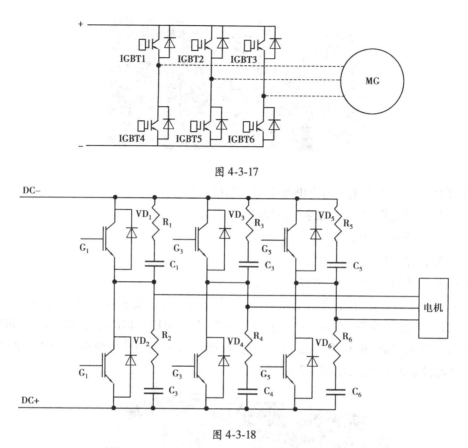

图 4-3-17

图 4-3-18

当 U、V、W 三相在初始位置时,U 相电压位于零点,没有电压,W 相电压位于较正电位的高位,V 相电压位于负电位的低位,W 相与 V 相电压之间有较大电位差。此时,第三组 ICBT 模块的第一个 IGBT 导通,来自高压直流的正极的电流从 W 相线圈流入,第二组 ICBT 模块的第二个 IGBT 导通,电流从 V 相线圈流出回到高压直流的负极,V 相和 W 相线圈产生相应的磁场,如图 4-3-19 所示。

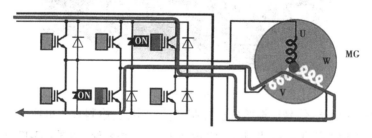

图 4-3-19

当 V 相位于零电位时,U 相电压为正,U 相电压位于较正电位的高位,W 相电压位于负电位的低位,W 相与 U 相电压之间有较大电位差。此时,第一组 IGBT 模块的第一个 IGBT 导通,来自高压直流的正极的电流从 U 相线圈流入,第三组 IGBT 模块的第二个 IGBT 导通,电流从 W 相线圈流出回到高压直流的负极,U 相和 W 相线圈产生相应的磁场,如图 4-3-20 所示。

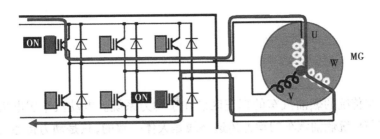

图 4-3-20

当 W 相位于零电位时，V 相电压为正，V 相电压位于较正电位的高位，U 相电压位于负电位的低位，U 相与 V 相电压之间有较大电位差。此时，第二组 IGBT 模块的第一个 IGBT 导通，来自高压直流的正极的电流从 V 相线圈流入，第一组 IGBT 模块的第二个 IGBT 导通，电流从 U 相线圈流出回到高压直流的负极，U 相和 V 相线圈产生相应的磁场，如图 4-3-21 所示。

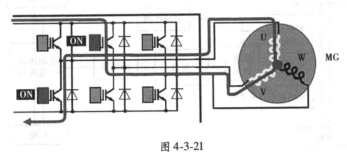

图 4-3-21

/任务4/　传动系统的结构

小张在某新能源汽车 4S 店工作，今天接了一辆北汽 EVI60 纯电动汽车，该车行驶中在不同车速下，从底盘前部传来异响声。经检查，师傅告诉小张需要将减速器总成拆解后检查，你知道如何安全、规范地拆装减速器总成吗？

[学习目标]

1. 能描述减速器的工作原理。
2. 能对传动系统故障进行处理与检修。
3. 能正确将传动系统进行拆解与装配。
4. 会对减速器数值进行测量和调整垫片厚度。

[相关知识]

一、概述

电动汽车与传统的燃油汽车的真正区别在于动力系统。电动汽车用电力驱动车轮行驶。电动汽车与传统燃油汽车的动力传递路线是大体一致的,只是动力传递的元件有很大区别。电动汽车的动力系统主要由电池、电机、控制器、变速器、减速器和驱动轮等组成,如图4-4-1所示。电动汽车动力系统的工作过程:控制器接受并整合来自挡位、刹车、油门(即加速踏板)的信号,传递给电机控制电机的转速、转矩等,从而满足汽车在不同的行驶路况下的要求。电动汽车动力系统的组成部件的相互匹配和总体的布置方式直接影响电动汽车的动力性能。

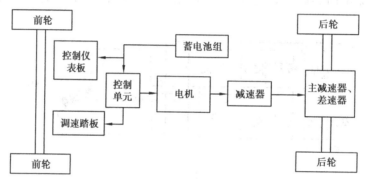

图 4-4-1

以特斯拉和日产聆风为例的一些主流纯电动汽车没有搭载一台传统变速器,而是单纯搭载一组减速器,并不提供换挡功能。对于纯电动汽车而言,电机从0转速开始就能全转矩输出,没有怠速问题困扰,初始转矩比内燃机大。纯电动汽车不存在起步问题,不需要搭配"大齿比减速器"。对于内燃机车而言,"高挡位小齿比"通常在车辆高速运行时使用,可降低发动机转速:一方面可以使发动机偏向经济转速运行节油;另一方面可以降低噪声。对于电动汽车来说,不同转速下电能转化为机械能效率区别并不大,电机噪声也远小于内燃机,不必刻意压低电动机转速。

这两个方面的原因使电机既不需要大齿比变速,也不需要小齿比变速,电动汽车只需要配一个齿比中等的减速器即可。特斯拉只单独配了一个齿比为9.73的减速器,日产聆风的减速器齿比为8.19。从实际结果来看,这个中等大小齿比的减速器可以满足电动车起步和加速的动力需求,电机本身高转速运行也可以使整车跑出高速度,如图4-4-2所示。

二、传动系统

1.构造

电动汽车的传动系统一般由电机、离合器、变速器、减速器、差速器和传动轴等组成,如图4-4-3所示。汽车的动力靠传动系统传递到驱动车轮。

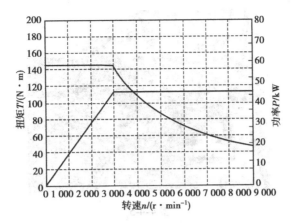

图 4-4-2

图 4-4-3

2. 功能

传动系统具有减速、变速、倒车中断动力、轮间差速和轴间差速等功能,与电机(发动机)配合工作,能保证汽车在各种工况条件下的正常行驶,并具有良好的动力性和经济性,如图4-4-4所示。

图 4-4-4

三、减速器

电动汽车将减速器和差速器合二为一,制作在一个壳体中,如图4-4-5所示。电机的高速运动通过中间齿减速增扭后传递给差速器,再由差速器通过万向传动轴带动车轮,驱动车辆运动。

图 4-4-5

减速器是把电机、发电机或其他高速运转的机器动力通过其输入轴传递给其上的小齿轮,再通过小齿轮啮合输出轴上的大齿轮,达到减速增扭的目的,如图 4-4-6 所示。

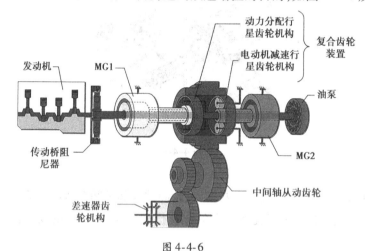

图 4-4-6

(一) EF126B02 减速器

北汽 EV160 车型中,型号为 C33DB 的驱动电机搭载的减速器总成型号为 EF126B02,由中国长安汽车集团股份有限公司重庆青山变速器分公司生产,主要功能是将整车驱动电机

图 4-4-7

的转速降低、转矩升高,以实现整车对驱动电机的转矩、转速要求,如图 4-4-7 所示。

EF126B02 减速器总成是一款前置前驱减速器,采用左右分箱、两级传动结构设计,具有体积小、结构紧凑的特点,采用前进者和倒挡共用结构进行设计,整车倒挡通过电机反转实现,技术参数见表 4-4-1。

表 4-4-1

技术指标	技术参数
最高输入转速	9 000 r/min
转矩	小于 260 N·m
驱动方式	横置前轮驱动
减速比	7.793
质量	23 kg
润滑油规格	GL-4/75W-90 合成油
寿命	10 年/30 万 km

（二）减速器的工作原理

减速器动力传动机械部分是依靠两级齿轮副来实现减速增扭。按功用和位置分为 5 大组件：右箱体、左箱体、输入轴组件、中间轴组件和差速器组件。动力由电机输入，经过一级减速齿轮减速将动力传至主减速器，再由差速器将动力分配至两侧车轮，如图 4-4-8 所示。

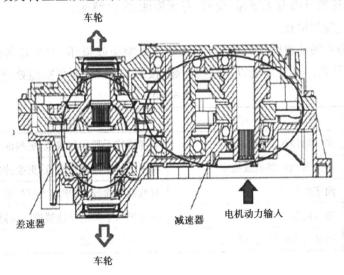

图 4-4-8

动力传递路线：电机→输入轴→输入轴齿轮→中间轴齿轮→差速器半轴齿轮→左右半轴→左右车轮。

（三）维护保养周期及要求

初次保养，变速器磨合后，建议 3 000 km 或 3 个月更换润滑油，以后进行定期维护，其维护保养应在整车特约维修点进行。建议维修周期见表 4-4-2，表中 B 为在维护保养检查必要时更换润滑油，H 为更换润滑油。

表 4-4-2

km	1 万	3 万	4 万	5 万	6 万	7 万	8 万
月数	6	18	24	30	36	42	48
方法	B	B	H	B	H	B	H

①维护周期应以里程表数或月数判断,以先达到之一为准,表 4-4-2 按 8 万 km 内的定期维护,超过 8 万 km 按相同周期进行维护。

②适用于各种工况行驶(重复的短途行驶:在不平整或泥泞的道路上行驶,在多尘路上行驶,在极寒冷季节或者盐碱路上行驶,极寒冷季节的重复短途行驶)。

③如不因换油而是其他维修作业,提升车辆时,应同时检查减速器是否漏油。

④EF126B02 型减速器使用润滑油厂家要求为 GL-4/75W-90 等级的合成齿轮油,持续使用温度大于等于 140 ℃,使用量为 0.9～1.1 L。供应商推荐使用嘉实多 BOT130,北汽新能源公司用油为美孚 1 号 LS。

(四)减速器故障检查

目测检查减速器外部有无磕碰、变形,有无渗油、漏油情况。

1. 减速器渗、漏油检查

主要原因:输入轴油封磨损或损坏,差速器油封磨损或损坏,油塞处漏油、箱体破裂、油量过多由通气塞冒出。如若出现以上这些问题,按照表 4-4-3 所列措施处理。

表 4-4-3

序号	故 障	措 施
1	输入轴油封磨损或损坏	参考维修手册操作规范,更换油封
2	差速器油封磨损或损坏	参考维修手册操作规范,更换油封
3	油塞处漏油	对放油塞涂胶,按规定力矩拧紧
4	箱体破裂	参考维修手册对减速器进行维修
5	油量过多由通气塞冒出	检查油位调整油量

2. 减速器产生噪声

主要原因:润滑油不足,轴承损坏或磨损,齿轮损坏或磨损,箱体磨损或破裂,按表 4-4-4 所列措施排除。

表 4-4-4

序号	故 障	措 施
1	轴承损坏或磨损	参考维修手册对减速器进行维修
2	齿轮损坏或磨损	参考维修手册对减速器进行维修

续表

序号	故障	措施
3	箱体磨损或破裂	参考维修手册对减速器进行维修
4	润滑油不足	按规定的型号和流量添加润滑油

3.检查减速器螺栓紧固情况

①减速器与驱动电机的装配连接减速器与驱动电机连接方式,减速器端匹配 5 个 9 mm 通孔,3 个带钢丝螺套的 M8×1.25 螺纹孔。使用 8 个 M8×1.25×35 的 10.9 级六角法兰面螺栓连接,拧紧力矩为(40±5)N·m。

②减速器与悬置支架的装配连接减速器采用 3 个左悬置点、3 个后悬置点,悬置点螺纹孔规格为 M10×1.25 和 M12×1.25,左旋置使用 3 个 M10×1.25×40 的 10.9 级六角法兰面螺栓,拧紧力矩为(75±5)N·m,后悬置使用两个 M10×1.25×25 到 10.9 级六角法兰面螺栓拧紧力矩为(75±5)N·m, 1 个 M12×1.25×65 的 10.9 级六角法兰面螺栓,拧紧力矩为(95±5)N·m,如图 4-4-9 所示。

图 4-4-9

项目检测

一、填空题

1.电机是一种将_____转化成机械能,并使机械能产生_____,用来_____其他装置的电气设备。

2.电机在安装使用前,必须进行_____检查,接线端子对机壳的绝缘电阻应大于_____MΩ。

3.新能源汽车上的感应电机,又称"异步电机",主要由_____和_____两大部分组成,利用的工作原理是_____。

4.异步电机转子的功用是产生_____,由转子绕组和转子铁芯组成。

5.三相定子绕组的特点为_____、_____、_____。

6.三相定子绕组的接法有_____接法和_____接法两种。

7.驱动电机管理模块通常简称_____,主要用于管理和控制驱动电机的_____、方向以及将驱动电机作为逆变电机_____。

8.驱动电机控制器系统主要由_____、_____、_____及相关的传感器组成。

9.电机转速由_____进行控制和监测。

10.电压传感器用于检测供给电机控制器工作的_____电压,包括_____电压、12 V 蓄电池电压。

二、判断题

1.PCU 更具有集成控制功能的电机管理模块,即具备 MCU 与 DC-DC 转换器功能。
( )

2.当交流-直流转换完后,交流-直流转换器就称为逆变器。 ( )

3.电子换挡操纵装置将驾驶员挡位的切换转换为非电信号传递给电机控制器。( )

4.旋转变压器是用以检测电机工作时的实际转速。 ( )

5.电机控制器主要依靠电流传感器、电压传感器、温度传感器来进行电机运行状态的监测,根据相应参数进行电压、电流的调整控制以及其他控制功能的完成。 ( )

6.驱动纯电动汽车和混合动力汽车的电机需要在各个转速下均能够产生转矩。( )

7.动力电机在一定的条件下可以作为发电机发电。 ( )

8.电机维修装配时都要清洁电机内部,不能有杂质。 ( )

9.电机转子带强磁性,电机除高低压盖板外,其余零部件禁止拆装。 ( )

10.电机的位置传感器由电机控制器监测。 ( )

三、选择题

1.按照电机供电方式,动力汽车电机常见的类型有( )。

 A.直流电机   B.交流电机   C.水冷电机   D.风冷电机

2.永磁同步电机根据磁片镶嵌在转子中的方式,常见的类型有( )。

 A.内嵌式(IPM)   B.面贴式(SPM)

 C.焊接式(SWI)   D.黏结式

3.在高速巡航时,汽车电机具有的特性是( )。

 A.高转速低转矩   B.高转矩低转速

 C.高转速高转矩   D.低转速低转矩

4.荣威 E50 采用的电机类型是( )。

 A.直流电机   B.异步交流电机

 C.永磁同步电机   D.磁阻电机

5.电机管理系统的主要功能有( )。

 A.逆变作用实现电流的转换   B.对电机的管理

 C.直流-直流的输出管理   D.车辆挡位的控制

6. 逆变器用于转换的电压方式有(　　　　)。

　　A. 直流-交流转换　　　　　　　　　　　B. 交流-直流转换

　　C. 直流-直流转换　　　　　　　　　　　D. 不转换

7. 下列关于IGBT的描述错误的是(　　　　)。

　　A. 中文简称是绝缘栅双极型晶体管

　　B. 具有输入阻抗低、开关速度慢的缺点

　　C. 具有驱动电路简单、通态电压低、能承受高电压大电流的优点

　　D. 已广泛应用于变频器和其他调速电路中

8. 下列关于比亚迪E6电机控制器的描述错误的是(　　　　)。

　　A. 是一款高度集成化的新型多功能控制器,安装在后机舱右侧

　　B. 具有电机控制与车辆控制功能、电网对车辆充电功能

　　C. 具有车辆对电网放电功能、车辆对用电设备供电功能以及车辆充放电

　　D. 电机控制器通过采集油门、制动、挡位、模式等信号控制动力输出

9. 下列关于逆变器模块的描述正确的是(　　　　)。

　　A. 工作时会产生热量

　　B. 一般采用润滑油的冷却方式

　　C. 可用于给12 V蓄电池供电

　　D. 是电动汽车的全车电器控制模块

10. 测量电机三相定子线圈电阻可用的仪器有(　　　　)。

　　A. 万用表　　　　　　B. 绝缘电阻表　　　　　　C. 千分尺　　　　　　D. 百分表

四、简答题

1. 简述新能源电机的特点。

2. 简述永磁电机的工作原理。

3. 简述三相异步电机的工作原理。

4. 简述更换电机的步骤。

5. 简述更换减速器的步骤。

项目5 | 整车控制系统的原理和检测

/任务 1/ 整车控制系统认知

[学习目标]

1. 纯电动汽车整车控制系统的功用。
2. 整车控制系统的组成。
3. 电动汽车的整车控制策略。

[相关知识]

新能源汽车整车控制系统是基于 CAN 总线为通信方式的多个控制系统的集成系统,以整车控制器(VCU)为核心,实现电池控制、电机控制、空调控制、电动助力转向控制、制动控制等。整车控制系统网络结构如图 5-1-1 所示,各个控制系统均通过 CAN 总线连接,从而实现各个控制系统之间的信息交互。同时,仪表系统通过 CAN 与整车控制器连接,系统程序需要更新时,通过刷新 CAN 的程序与整车控制器(VCU)进行通信。充电口通过快充 CAN 与电池管理系统及数据采集终端连接。

一、纯电动汽车整车控制系统的功用

1. 控制系统的基本组成

控制系统一般包括传感器、控制器和执行元件。传感器采集信息并转换成电信号发送给控制器,根据传感器的信息进行运算、处理和决策,并向执行元件发送控制指令以完成某项控制功能,如图 5-1-2 所示。

整车控制系统需与系统中有多个控制系统且控制系统之间有通信需求时,多个控制系统可以连接在 CAN 总线上实现控制系统之间的信息通信。在电动汽车控制系统中,整车控制器除了完成自身一些控制功能外,还肩负着整个控制系统的管理和协调功能。整车控制采用分层控制方法,整车控制器为第一层,其他各控制器为第二层,各控制器之间通过 CAN

网络进行信息交互,共同实现整车的功能控制。整车控制系统与电池管理系统(BMS)和电机控制系统(MCU)等相互通信时,可以通过 CAN 总线将 3 个控制系统连接起来,如图 5-1-3 所示。

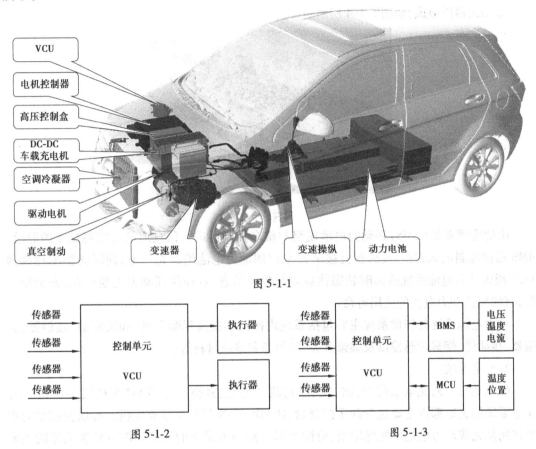

图 5-1-1

图 5-1-2　　　　　　　　　　　　　　　　　图 5-1-3

2.整车控制系统的功能

①接收、处理驾驶操作指令的同时向各控制器发送控制指令,使车辆按驾驶人员的指令行驶。

②与电机、DC-DC 变换器、蓄电池组等进行可靠通信,通过 CAN 总线(以及关键信息的模拟量)进行状态的采集输入及控制指令量的输出。

接收处理各个零部件信息,接收动力电池管理系统提供的当前动力电池的状态系统故障的判断和存储,动态检测系统信息,记录出现的故障。

对整车具有保护功能,视故障的类别对整车进行分级保护,紧急情况下可以关掉电机并切断母线高压系统。

③协调管理车上的其他电气设备。

二、整车控制系统的组成

按照各部件的功能,可以将整车控制系统分为控制动力电池及管理系统、充电系统、电机及驱动系统、电动助力转向系统(EPS)、制动系统、空调系统等子系统。

1. 动力电池及管理系统

动力电池及管理系统主要由动力电池模组、动力电池箱、电池管理系统(BMS)及其他相应的辅助元器件组成,如图5-1-4所示。

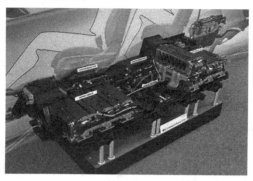

图 5-1-4

电池管理系统(BMS)是动力电池模组与整车控制器进行信息通信与控制交互的通道,BMS通过控制电池的正、负极预充接触器来控制动力电池组的充放电,同时向整车控制器VCU报告动力电池系统的实时状态信息以及故障信息,从而保证动力电池可靠、安全地工作,有效延长动力电池的使用寿命。

动力电池系统的辅助系统主要包括系统内部的连接及保险器件,如熔断器、接触器、分流器、接插件、烟雾传感器以及维修开关、密封条和绝缘材料等。

2. 充电系统

纯电动汽车的充电系统分为快充、慢充两种类型,其类型如图5-1-5和图5-1-6所示。充电系统的关键部件主要包含高压控制盒、DC-DC变换器及车载充电机。高压控制盒的主要作用是完成动力电池电能的输出、分配及对各路用电设备的保护。DC-DC变换器的主要作用是将动力电池的高压直流电转换为12 V直流电,给全车低压用电系统供电,同时为低压蓄电池充电。慢充车载充电机的主要作用是将220 V交流电转换为动力电池的直流电,实现电池电量的补给。快充车载充电机是在快速充电模式下,供电设备为快速充电桩,提供的高压直流电通过快充接口,经高压控制盒进行高压配电后,为动力电池充电,其结构如图5-1-7所示。

3. 电机及驱动系统

电机及驱动系统是电动汽车的核心部件之一,驱动车辆的动力源、电机及驱动系统决定了汽车的动力性能,并直接影响汽车的经济性能。电动汽车的电机及驱动系统主要由电机控制器和驱动电机构成,并通过高低压线束、冷却管路与整车其他系统做电气和散热连接。电机控制器还能够实时进行电机状态和故障检测,以保护驱动电机系统和整车安全可靠运行。

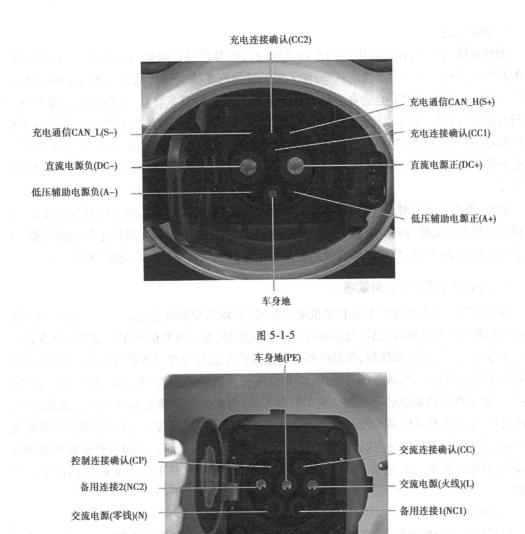

充电连接确认(CC2)

充电通信CAN_H(S+)

充电通信CAN_L(S−)

充电连接确认(CC1)

直流电源负(DC−)

直流电源正(DC+)

低压辅助电源负(A−)

低压辅助电源正(A+)

车身地

图 5-1-5

车身地(PE)

控制连接确认(CP)

交流连接确认(CC)

备用连接2(NC2)

交流电源(火线)(L)

交流电源(零钱)(N)

备用连接1(NC1)

图 5-1-6

4. 电动助力转向系统（EPS）

电动助力转向系统（EPS）由车速传感器、转矩传感器、电子控制单元及助力电机等组成。

在电动助力转向系统中,电子控制单元根据转矩传感器和车速传感器的信号计算所需的转向助力,控制助力电机的转动,电机输出的动力经过减速机构减速增矩后驱动齿轮齿条转向器产生相应的转向助力。目前,电动助力转向系统助力电机的电源为 12 V,由 DC-DC 变换器提供。

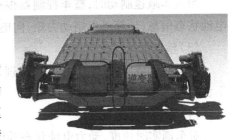

图 5-1-7

5.制动系统

制动系统的作用:使行驶中的汽车按照驾驶人的要求进行强制减速甚至停车;使已停止的汽车在各种道路条件下稳定驻车;使下坡行驶的汽车速度保持稳定。北汽 EV160 纯电动汽车的制动系统采用了电动真空助力系统进行助力。当汽车启动后,整车控制器会自动进行真空压力检测,若真空罐中的真空度小于设定值,则真空压力传感器输出相应信号至整车控制器,整车控制器控制电动真空泵开始工作,当真空度达到设定值后,整车控制器控制真空泵停止工作。当真空罐的真空度由于制动而有所消耗时,同样由整车控制器控制真空泵工作。

此外,当汽车运行时,动力系统能够回收部分制动能量,并通过车辆对驱动电机反拖,将制动能量转换为电能为动力电池充电。相比传统汽车的制动能量全部转化为热能消散,纯电动汽车制动能量回收功能能够有效地提高整车能量利用效率,增加车辆续驶里程。

三、电动汽车的整车控制策略

纯电动汽车动力系统中主要有电机驱动装置、传动系统和动力电池等。当汽车动力系统结构和各部件配置确定之后,就需要有一个性能优越、安全可靠的整车控制策略来保证汽车的正常运行。所谓整车控制,就是由控制器通过汽车运行过程中各部件的运行状态,合理控制车辆的能量分配,协调各部件工作,以充分发挥各部件的性能,在保证汽车正常运行的前提下,实现汽车的最佳运行状态。整车控制策略,需要控制车辆在满足驾驶人意图,汽车的动力性、平顺性和其他基本技术性能以及成本控制等要求的前提下,针对各部件的特性及汽车的运行工况,实现能量在电机、动力电池之间的合理有效分配,从而使整车系统效率达到最高,获得整车最大的经济性以及平稳的驾驶性能。一般整车控制策略包括以下 4 个方面:

(1)驱动控制

根据驾驶人的驾驶要求、车辆状态、道路及环境状况等信息,分析车辆的动力需求,由整车控制器向电机控制器发送转矩控制指令,电机控制器控制主驱动电机输出合适的动力来驱动车辆。

(2)制动能量回馈控制

当汽车减速制动时,整车控制器根据制动踏板和加速踏板信息、车辆行驶状态信息、蓄电池状态信息,计算再生制动力矩,向电机控制器发出指令完成制动能量回收。

(3)整车能量优化管理

通过对车载能源动力系统的管理,提高整车能量利用效率,延长纯电动汽车的续驶里程。

(4)车辆状态显示

对车辆实时速度、动力电池状态等信息进行采集和转换,由主控制器通过汽车仪表进行显示。

/任务 2/ 整车控制系统结构与检修

某北汽 4S 店的高级汽车维修工小王接到一张任务工作单：一辆北汽 EV160 纯电动汽车，行驶里程 50 000 km，车主反映在行驶过程中仪表故障灯点亮显示有故障。小王使用故障诊断仪检测，发现故障诊断仪无法与车辆通信。如果你是小王，应该如何检修该故障呢？

[学习目标]

1. 能认识整车控制系统的组成，并掌握其控制逻辑。
2. 能查阅维修手册，掌握整车控制系统的故障诊断流程。

[相关知识]

一、整车控制系统的组成

纯电动汽车的整车控制系统通常包含低压电气控制系统、高压电气控制系统和整车网络化控制系统 3 个部分。

1. 低压电气控制系统

低压电气控制系统主要由辅助低压电池和若干低压电气设备组成。低压电气控制系统采用直流 12 V 或 24 V 电源，一方面为灯光、雨刷器等车辆的常规低压电器供电；另一方面为整车控制器、高压电气设备的控制电路和辅助部件供电。

2. 高压电气控制系统

高压电气控制系统主要由动力电池、驱动电机和功率转换器等大功率、高压电气设备组成，根据车辆行驶的功率需求完成从动力电池到驱动电机的能量变换与传输过程。

3. 整车网络化控制系统

整车网络化控制系统主要包括整车控制器、电机控制器、BMS、车身控制管理系统、信息显示系统和通信系统等。整车控制器是整车控制系统的核心，承担了数据交换与管理、故障诊断、安全监控、驾驶人意图解析等功能。各子系统之间的信息传递通过网络通信系统实现。

二、整车控制系统的控制逻辑

整车控制系统对整车的控制主要通过整车控制器与 CAN 总线的连接来实现。整车控制器是整车控制系统的核心部件，相当于纯电动汽车的"大脑"，又称为动力总成控制器。整车控制器通过采集电机控制系统信号、加速踏板信号、制动踏板信号及其他部件信号，根据驾驶员的驾驶意图综合分析并作出响应判断后，监控下层的各部件控制器运行，来保证整车的行驶。

1. 分层控制

整车控制系统采用分层控制方式,如图 5-2-1 所示,最底层是执行层,由部件控制器和一些执行单元组成,其任务是正确执行中间层发送的指令,这些指令通过 CAN 总线进行交互,并且有一定的自适应和极限保护功能。中间层是协调层,也就是 VCU:一方面它根据驾驶员的各种操作和汽车当前的状态解释驾驶员的意图;另一方面根据执行层的当前状态,作出最优的协调控制。最高层是组织层,由驾驶员或者自动驾驶仪来实现车辆控制的闭环。各控制器之间通过 CAN 网络进行信息交互,共同实现整车的功能控制。

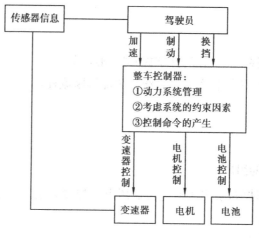

图 5-2-1

2. 局域网络控制

在整车的网络管理中,VCU 是信息控制的中心,具有信息的组织与传输、网络状态的监控、网络节点的管理、网络优先权的动态分配以及网络故障的诊断与处理等功能。VCU 的这些功能主要通过 CAN 总线协调其相应模块相互通信来实现。

3. 整车控制模式判断和驱动控制

VCU 通过各种状态信息如充电信号、启动开关信号、加速/制动踏板位置信号、当前车速和整车是否有故障信息等,来判断当前需要的整车工作模式是处于充电模式还是行驶模式,然后根据当前的参数和状态及前一段时间的参数及状态,计算出当前车辆的转矩能力,按当前车辆需要的转矩,计算出合理的最终实际输出的转矩。

4. 电源控制

如图 5-2-2 所示,电源控制系统主要由 4 个继电器组成,分别为 F/S RLY、M/C RLY、A/C RLY 和 F/S CHG RLY。根据不同模式,VCU 操作不同的继电器吸合。

5. 主继电器控制

如图 5-2-3 所示,车辆控制模块会因驾驶员的操作而启动,控制动力电池组中的系统主继电器以及充电电阻继电器。当系统主继电器处于"ON"挡时,从动力电池处向 DC-DC 转换器、空调系统以及动力电机逆变器提供电源。同时,车载充电机打开充电继电器,从车载继电机向动力电池 DC-DC 转换器、空调系统提供电源。

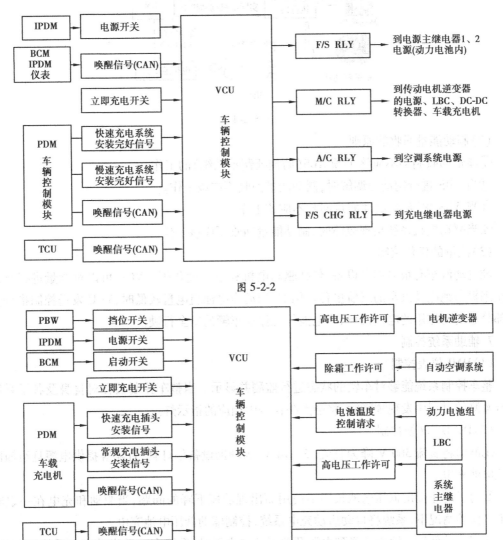

图 5-2-2

图 5-2-3

6.制动能量回收和优化控制

（1）制动能量回收的原理

纯电动汽车的驱动电机可以工作在再生制动状态,对制动能量进行回收是其与传统燃油汽车的重要区别。

VCU 根据行驶速度、驾驶人制动意图和动力电池组状态（如电池的荷电状态 SOC 值）进行综合判断后,对制动能量回收进行控制,如图 5-2-4 所示。如果达到回收制动能量的条件,VCU 向电机控制器发送控制指令,使电机工作在发电状态,将部分制动能量储存在动力电池组中,提高车辆能量利用效率。

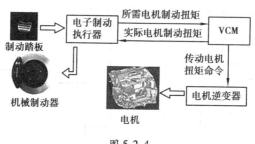

图 5-2-4

（2）制动能量回收的原则

①能量回收制动不应该干预 ABS（防抱死制动系统）的工作。

②当 ABS 进行制动力调解时，制动能量回收不应该工作。

③当 ABS 报警时，制动能量回收不应该工作。

④当驱动电机系统出现故障时，制动能量回收不应该工作。

（3）能量的优化控制

纯电动汽车有很多用电设备，包括驱动电机和空调设备等。VCU 可以对能量进行合理优化来提高纯电动汽车的续航里程。例如，当动力电池组电量较低时，VCU 发送控制指令关闭部分起辅助作用的电气设备，将电能优先保证车辆的安全行驶。

7. 辅助系统控制

（1）HMI 仪表控制

整车控制系统能够对车辆的状态进行监测并显示。当整车控制器在对自身及各子系统进行监测的过程中发现故障时，将会点亮仪表中相应的指示灯。

（2）DC-DC 转换控制

①能够将直流 360 V 降为直流 13～14 V，为辅助设备如灯具、音响等提供电源且给辅助低压电池充电。

②为了防止辅助低压电池长期不使用而出现功能下降的问题，当驱动和充电在一定时间不工作的情况下，系统将自动启动充电系统，控制辅助低压电池充电。

③当辅助低压电池电压降到电源开关可开启之下时，系统会自动启动充电系统，控制辅助低压电池充电。

8. 保护控制

（1）故障诊断和处理

整车控制系统能够连续监视整车电控系统，进行故障诊断，并及时进行相应的安全保护处理。

根据传感器的输入及其他通过 CAN 总线通信得到的电机、电池、充电机等信息，对各种故障进行判断、等级分类、报警显示以及储存故障码等处理。对不太严重的故障，能做到"跛行回家"。

（2）失效保护控制

如图 5-2-5 所示，当 VCU 检测到故障时，根据故障的内容继续进行控制或者停止车辆系统。

整车控制系统的故障安全处理措施具体包括驱动力限制、充电停止、系统主继电器关闭等。当采取故障安全处理措施时,纯电动汽车系统故障警告灯在仪表上亮起。

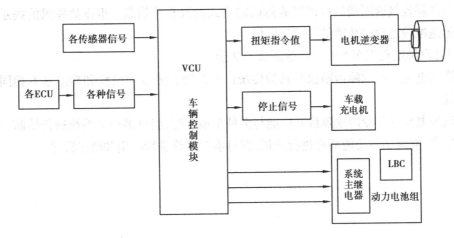

图 5-2-5

(3)碰撞切断控制

当 VCU 从安全气囊电脑探测到安全气囊弹开的信号时,会控制系统主继电器1、2(动力电池组内)断开,目的是关闭高压电路,保证驾乘人员及车辆的安全。

三、整车控制系统常见故障及诊断

1. 整车控制系统的故障等级

整车控制系统的故障等级见表5-2-1。

表 5-2-1

等 级	程 度	故障后的控制处理	故障列表
一级	致命故障	紧急断开高压	MCU 直流母线过压故障、BMS 一级故障
二级	严重故障	二级电机故障零转矩,二级电池故障20 A 放电电流限功率	①MCU 相电流过流、IGBT、旋变等故障 ②电机节点丢失故障 ③挡位信号故障
三级	一般故障	跛行	加速踏板信号故障
		降功率	MCU 电机超速保护
		限功率<7 kW	跛行故障、SOC< 1%、BMS 单体欠压、内部通信故障、硬件故障等
		限速<15 km/h	低压欠压故障、制动故障
四级	轻微故障	只仪表显示(维修提示)能量回收故障,仅停止能量回收,行驶不受影响	①MCU 电机系统温度传感器、直流欠压故障 ②VCU 硬件、DC-DC 转换器异常等故障

2. 车载诊断系统(OBD)概述及故障诊断仪的功能

(1)车载诊断系统

当系统出现故障时,故障警告灯点亮,同时OBD系统会将故障信息存入存储器,运用标准的诊断仪器连接诊断接口可以以故障码的形式读取相关信息。根据故障码的提示,维修人员能迅速准确地确定故障的性质和部位。

(2)北汽纯电动汽车专用故障诊断仪的功能

北汽纯电动汽车故障诊断仪与其他传统汽车故障诊断仪的结构和功能基本相同,但有不同之处。

北汽纯电动汽车专用故障诊断仪能与多种车型匹配,能对多个子系统进行诊断,具有多种诊断能力,能对主要功能部件进行测试,并且能对系统进行标定和烧录程序。